祈りの延命十句観音経

円覚寺派管長
横田南嶺

春秋社

延《えん》命《めい》十《じっ》句《く》観《かん》音《のん》経《ぎょう》

観《かん》世《ぜー》音《おん》　南《なー》無《むー》仏《ぶつ》　与《よー》仏《ぶつ》有《うー》因《いん》　与《よー》仏《ぶつ》有《うー》縁《えん》

仏《ぶっ》法《ぽう》僧《そう》縁《えん》　常《じょう》楽《らく》我《がー》浄《じょう》　朝《ちょう》念《ねん》観《かん》世《ぜー》音《おん》

暮《ぼー》念《ねん》観《かん》世《ぜー》音《おん》　念《ねん》念《ねん》従《じゅう》心《しん》起《きー》　念《ねん》念《ねん》不《ふー》離《りー》心《しん》

延命十句観音和讃

大慈大悲の　観世音
生きとし生ける　ものみなの
苦しみ悩み　ことごとく
すくいたまえと　いのるなり
苦しみのぞき　もろともに
しあわせいのる　こころこそ
われらまことの　こころにて
いのちあるもの　みなすべて
うまれながらに　そなえたり
ほとけの慈悲の　中にいて
むさぼりいかり　おろかにも

ほとけのこころ　見失い
さまようことぞ　あわれなる
われら今ここ　みほとけの
みおしえにあう　さいわいぞ
おしえを学ぶ　仲間こそ
この世を生きる　たからなり
われを忘れて　ひとのため
まごころこめて　つくすこそ
つねに変わらぬ　たのしみぞ
まことのおのれに　目覚めては
清きいのちを　生きるなり
朝に夕べに　観音の
みこころいつも　念ずなり

一念一念　なにしても
まごころよりは　おこすなり
一念一念　観音の
慈悲のこころを　離れざり

はしがき

論語の中に「子曰く、吾れ十有五にして学に志す。三十にして立つ。四十にして惑わず。五十にして天命を知る。六十にして耳順がう。七十にして心の欲する所に従って矩を踰えず。」という有名な言葉があります。

これを我が身に当てはめてみますと、恥ずかしながら、十三歳の頃から尊いご縁をいただいて参禅をはじめまして、この道に志そうという気持ちをいだいたように思います。

はじめだけは、かの孔子とも変わらないのですが、「三十にして立つ」どころか、三十歳のころはいまだに草鞋を履いて雲水修行をしていました。

「四十にして惑わず」、これもそれどころか、四十の頃は、「果たしてこれでいいのか、これでいいのか」と迷い惑うばかりの日々だったように思います。もはや孔子の説くところからは、かけ離れてしまって、「五十にして天命を知る」など夢にも及ばぬこととすっかりあきらめていました。

はからずも円覚寺の管長に就任して以来、何度か本の出版を勧められましたが、とても本を出せるようなものも無く、断ってきました。それがこの度、春秋社から「延命十句観音経」の本を出して欲しいとの話をいただきました。

本書に述べています通り、この「延命十句観音経」とのご縁は実に深く、このお経を弘めるのにお役に立てるならと思って、出版の話を引き受けました。何のとりえも無く今年五十歳を迎えるにいたりましたが、この「延命十句観音経」を少しでも多くの方に弘めることこそ、私に与えられた天命かも知れないと思っています。

出版にあたって、甚大なるお力を賜った春秋社の神田明会長、澤畑吉和社長はじめ鈴木龍太郎氏には心からお礼申し上げます。また校正には会下の樋口雄文禅士の助力を得ました。ここに謝意を表します。

平成二十六年二月

横田　南嶺

おかげさまです
ありがとう
円覚南嶺

祈りの延命十句観音経　目次

Ⅰ　祈りの「延命十句観音経」

延命十句觀音經
觀世音 南無佛
與佛有因
與佛有緣
佛法僧緣
常樂我淨
朝念觀世音
暮念觀世音
念念從心起
念念不離心
南無觀世音菩薩
月覺 南嶺淨寫

三月十一日の衝撃

平成二十三年三月十一日、この日は私達にとって忘れられない日になりました。改めて言うまでもなく、東日本大震災のおこった日です。

毎日のように大津波の映像がテレビのニュースで流され、もう私達が自分自身の一部分を奪われたような衝撃を受けました。

さらには原子力発電所の事故によって、放射能の恐怖という、かつて経験したことのない不安に襲われました。例年ならば春の訪れとともに、大勢の拝観客でにぎわう円覚寺の境内も、その年は桜の花が咲いてもひっそりとしていました。

震災からちょうど一か月の四月十一日、鎌倉では、八幡宮をはじめとする神官の方々と、我々仏教界の僧侶、そしてキリスト教会の方々が、八幡宮に集まり、追悼と復興の祈りを捧げました。仏教界は宗派を問わず鎌倉中の寺院方、キリスト教会からもカソリック、プロテスタントあわせて牧師、神父の方達が集いました。宗教家だけでも四百名、参列の方々は一万人にのぼりました。

大地震の起こった午後二時四十六分にあわせて、二時半から神道、仏教、キリスト教の順で、およそ二時間に近い法要を営みました。

終わって更に八幡宮から海に向かって托鉢して義援金をつのりました。先頭を神官の方がお祓いの儀式をしながら歩み、その後に我々僧侶が続き、その後ろをキリスト教の方が大きな十字架を背負って歩みました。最後に由比ヶ浜の海岸で海に向けて祭壇を設け、各宗教祈りを捧げました。

津波の被害の大きかったことと、その頃原発の事故で放射能に汚染された水が海に大量に流されるという報道もありましたので、海で亡くなった方々の冥福を祈ると共に、海を汚したことへの懺悔の祈りを捧げました。

震災と延命十句観音経

この度の震災で円覚寺本山では、大きな被害はありませんでしたが、円覚寺派の寺院、特に福島県や茨城県の寺院では被害が甚大でした。

四月早々には、宗務総長に被災寺院へお見舞いに行ってもらいました。救援物資などを持って行きますが、何かほかにこちらの気持ちが伝わるようなものはないか、考えました。ある方に相談したところ、「延命十句観音経」を写経したらと助言をいただきました。

早速、下手な観音さまの絵を添えて「延命十句観音経」を色紙に書いて、被災寺院へ届けてもらいました。各寺院とも喜んでくださったようです。

それ以来毎日、「延命十句観音経」の写経をして、追悼と復興を祈ることにしました。お身内で被災した方がいらっしゃると差し上げたりしていました。

その後、僧堂の雲水達も交代でボランティアに行って、避難所での炊き出しや被災された寺院のお手伝いをしてもらいました。

その折りにも「延命十句観音経」の色紙を届けてもらいました。

僧堂では普段から薪でご飯をつくっています。行事のあるときには二、三百人の食事もつくります。ご飯とけんちん汁に、がんもどきと素朴な料理ですが、カレーなどの炊き出しに馴れた避難所の方々にはかえって喜んでいただけたようです。

お身内を亡くされた方も多く、色紙の観音さまを御本尊に見立てて御経を誦《よ》んだところ、涙を流して感謝されたと言っていました。普段の修行が皆さんのお役に立ち、雲水達も逆に励まされたようです。

突然の電話

そんなある晩のこと、気仙沼のお寺から私に電話がありました。面識の無いお寺ですので、何事かと思って電話に出ました。

気仙沼は津波で大変な被害がありました。

そのお寺でも大勢のお檀家が亡くなり、最近再建されたばかりの諸堂が、本堂の柱と屋根を残してすべて流されたそうです。

そんな折りに鎌倉から雲水が来て、私の「延命十句観音経」が届けられました。

和尚もどうしようもない絶望のどん底で、この「延命十句観音経」を唱えて頑張ろうと思ったと、涙ながらに語られました。

こちらも驚きながら、お見舞いを申し上げ、私も必ずお参りさせていただきますと伝えました。

和尚も臨済宗であり、僧堂で修行を積まれた立派な布教師でもあります。しかし、そんなどうしようも無いときには、やはり「観音さまどうか、お助けください」と祈ります。祈るしかありません。

「延命十句観音経」は、円覚寺では幼稚園でも毎朝唱えるお経です。普段親しんでいるお経ながら、改めて観音さまのお慈悲に気がつかされました。


震災からちょうど二か月の五月十一日、円覚寺派被災寺院のお見舞いに私も出かけました。栃木、福島、茨城の寺院をまわりました。

途中で福島県いわき市の海岸に寄って津波の現場を目の当たりにしました。幾たびか映像で見たものの、実地を目にして言葉を失いました。

大自然を前に、ただ謙虚に祈るばかりでした。

祈って何になるかと言われるかもしれませんが、それでも祈らずにはいられない日々です。

亡くなった方々のご冥福と、避難所の方々が少しでも安らかに暮らせるようにと、そして、現地の復興と原発事故の収束とをただただ祈っています。

それからは、本山で法話をする度に、専らこの「延命十句観音経」を講話していました。ほぼ一年、何十回と話す内に、さらに短い意訳が口を衝いて出てまいりました。

延命十句観音経　意訳

観音さま
どうか人の世の苦しみをお救い下さい

人の苦しみを救おうとなさる
その心こそ仏さまのみ心であり
私たちのよりどころです
この仏さまの心が
私たちの持って生まれた本心であり
さまざまなご縁にめぐまれて
この心に気がつくことができます
仏さまと　仏さまの教えと
教えを共に学ぶ仲間とによって
わたしたちはいつの世にあっても
変わることのない思いやりの心を知り
苦しみ多い中にあって
人の為に尽くす楽しみを知り

この慈悲の心を持って生きることが
本当の自分であり
汚れ多き世の中で
清らかな道であると知りました
朝に観音さまを念じ
夕べに観音さまを念じ
一念一念　何をするにつけても
この思いやりの心から行い
一念一念　何をするにつけても
観音さまの心から離れません

気仙沼のお寺には震災から一周年の時にようやくお参りが出来ました。
まだ足の踏み場も無いような本堂に、お亡くなりになったお檀家百五十名ばかりの遺影が祀られていました。

こちらからお持ちした観音像を奉安して諷経《ふぎん》してまいりました。

そんなご縁で、気仙沼の和尚には、平成二十四年の六月に円覚寺派の住職の研修会に特別講師としてお越しいただきました。

震災からまだ一年少ししか経たないときに、辛い体験を語っていただくのは申し訳ないことです。しかしながら、現場を体験された和尚のお声を聞きたいと無理を申し上げました。

私が、「延命十句観音経」のご縁を話して和尚を紹介しました。

はじめ演台に立たれた和尚は、言葉が出ずにただ涙を流されました。「あの『延命十句観音経』をいただいた時のことを思うと言葉が出ません」と。津波の壮絶な体験は息をのむ思いで拝聴しました。最後に語られた言葉が忘れられません。

「人間、極限には祈りしかない。理屈はいらない。力の限りお経を誦《よ》むばかりだった。

葬式無用、お墓もいらないなどというのは、何事もない時に言う事である。お寺や和尚が地域のよりどころであり、お墓やお仏壇が家庭のよりどころである。手を合わせ、祈る中で、安心を生み出す」と。

次頁の色紙は「観音経」の言葉で、

衆生困厄《しゅじょうこんやく》を被《こうむ》り、
無量の苦、身に逼《せま》らんに、
観音妙智力、
能《よ》く世間の苦を救いたまう

とよみます。

人々が苦しみに責められる時に、観音さまは、お慈悲の力で苦しみを救いいくださるという意味です。

禅宗では、普段「観音経」をよく誦みます。また、白隠禅師以来、「延命十句観音経」もよく誦まれます。私も、長らくこれらのお経に親しんで毎日誦んできました。

しかしながら、心のどこかに、観音さまに救いを願うことには、いささか、ためらいがあったように思います。

しかし、この度の震災を機縁に、改めて一心に祈る、心をこめて祈ることの大切さを教わりました。

無心に祈るところから、自ずと仏心が目覚めてくるのです。

衆生被困厄
無量苦逼身
觀音妙智力
能救世間苦

円覚 南嶺

II

「延命十句観音経」のはなし

延命十句觀音經

觀世音。南無佛。與佛有因。與佛有緣。佛法僧緣。常樂我淨。朝念觀世音。暮念觀世音。念念從心起。念念不離心。

米壽　心叟

小池心叟老師筆「延命十句観音経」

観世音《かんぜーおん》

観音さま
どうか人の世の苦しみをお救い下さい

「延命十句観音経」を講じてみます。

このお経はとりわけ白隠禅師が、あらゆるお経の極意がこの短いお経にこめられていると言って、大いに推奨されました。円覚寺では幼稚園の園児達も毎朝元気よく大きな声でお唱えしています。

初めの第一句が、「観世音」です。

これは観音さまです。観音さまと呼びかけています。

仏教にはたくさんの仏さま菩薩さま方がおいでです。お釈迦さま、阿弥陀さま、薬師さまといった仏さま方、それに観音さま、お地蔵さま、弥勒菩薩といった菩薩方、実にたくさんございます。そのどれもが仏さまの心を表しています。まずこの観音さまとは、正しくは観世音菩薩、世音を観ると書きます。世音とは世の中の音、声です。世間の人々の声を観る、観るというのはよく見る、心でよく聞くことを表します。

「観音経」には、もし世間の人が様々な苦悩を受けた時、観音さまのお名前をお唱えすれば、観音さまはその声を聞いて皆必ず救ってくださると説かれています。

人間には様々な苦悩がございます。どんな方でも、何の苦悩も無い人はいないかと存じます。それぞれ苦しみ悩みを抱えています。どうしようもない苦しみ悩み悲しみを抱えて、どうか観音さまお救い下さいとお願いする気持ちになることがございます。そんなときにその声をお聞き取り下さり、救いの手をたれてくださるのが観音さまです。

人々の苦悩を救ってあげたいという心、これこそが仏さまのお心です。

そして仏教でさらに大切なことは、この仏さまの心は何も特別な仏さま菩薩さま方だけがお持ちになるものではありません。あらゆるいのちあるもののみんな仏さまの心を持っているというのが、お釈迦さまのお悟りです。

私達の本心は誰しもみな仏さまの心です。

ただ自分勝手なわがままな欲望、妄想、思いこみによって、本来持って生まれた仏さまの心を見失っています。

「観世音」と第一に呼びかけますのは、観音さまに救いを求めると同時に、私達の本心である、仏さまの心を呼び戻すことでもあります。

円覚寺の釈宗演《しゃくそうえん》老師のお弟子である間宮英宗《まみやえいじゅう》老師は「浅草の観音さまにお参りに行くのも、観音さまのお像を拝むのも、我が身にある観世音菩薩にお目にかかるためである」とお説きになっています。

母はみな観音さま

私が好きな詩で、よく本山で法話をするときに引用する詩があります。相田みつをさんの「観音さまの心を」という詩です。

赤ん坊の泣き声を聞いただけで
母親には赤ん坊の気持がわかる
そのときの母親は
子供にとっては観音さまだから
母親は子供の気持になりきるから
子供の訴えがよくわかる
母親は子供の声を

ただ耳で聞いているのではない
子供の声を
全身で観ているのだ
母親は子供の声を観るから
子供の観音さまだ
子供の気持がよくわかり
観音さまだった母親が
子供が大きくなるにつれて
子供の気持がわからなくなる
観音さまでは
なくなってしまうからだ
なぜ……？
他人の子との比べっこ

そんとく、勝ち負け、競争心
教育投資なんていう
そろばん勘定が
母親の心を汚染してしまうからだ
世のお母さん方よ
そんとく離れた観音さまの心を
再び取り戻して欲しい
人間の作ったいまの価値観を
根底から
変えることのできるのは
いままで観音さまだったお母さん
あなた自身です
……

（相田みつを『じぶんの花を』文化出版局刊より）

母はみな
観音さま

南嶺

以前、円覚寺のカレンダーに「母はみな観音さま」と書いたのも、この詩がもとにあります。その相田みつをさんのあのエネルギッシュな作品の源はなんであるのか、相田みつを美術館を訪れ、何冊もの本も拝読して感じたことは、やはり母への思いがあろうかと察します。

相田みつをさんのお母様は八十五歳の長生きをされるのですが、悲しいことに相田みつをさんの二人のお兄様を亡くされています。お二人とも先の戦争で戦死なされたのです。戦時中、名誉の戦死と讃えられました。相田みつをさんのお母様は、戦死したお兄様のお葬儀があっても、お母様は軍神の母ですから、決して涙を見せずに毅然と振る舞っています。

しかし弔問の方がいなくなって夜になると、祭壇の兄の遺影に向かって相田みつをさんの言葉によると、「寒月に叫ぶ狼の遠吠えのように泣き叫んでいた」そうなのです。「勲章も名誉も何もいらない。なぜ私をおいて先に行ったの」と。

そしてお母様は八十五歳で亡くなるまで意識のあるうちは、我が子の名前を叫び続けて亡くなったらしいのです。また相田さんに対してもやさしいお兄様だったようです。

そんな身近な者の死に対する思いが、母の悲しみ、別れの悲しみが相田さんの詩の原動力となったと思いました。こんな詩が三十七歳の書としてありました。書体も何とも悲痛な思いにあふれているようにみえました。

「身近な人の死に逢うたびに　私は人間の命のはかなさにガクゼンとします
この世に人間として生きている尊さを骨身にしみて感じるとき　私には仕事への闘志が湧いてきます」

（相田みつを『自分の花を』文化出版局刊）

念ずれば花ひらく

相田みつをさんと言えば、「人間だもの」の詩が有名です。

坂村真民先生というと、なんといっても「念ずれば花ひらく」です。相田みつをさんと坂村真民先生とは円覚寺で出会っています。

二人の出会いは昭和四十五年に、円覚寺で坂村さんが講演なされたのを相田さんが聞いていた事にさかのぼります。当時、坂村先生は六十一歳、相田みつをさんは四十六歳でした。

その時の出会いを坂村先生は後にこう記しています。「昭和四十五年八月二十一日から二十三日まで鎌倉の円覚寺でわたくしは「詩と真実」という題で講演したのであるが、そのあとの質疑応答の時間で詩の文学性、宗教性について議論が出、なかなか解決しなかったが、相田さんがとてもいいまとめ役をしてくださった。その時初めて相田さんの人となりに触れたのである」と。

その後二人は親交を重ね、相田さんは坂村先生が発行していた詩誌「詩国」を愛読されていました。お二人は、それぞれ参禅するなど共通点も多く、お互いに認め合っていらしたそうです。

坂村先生の「念ずれば花ひらく」の言葉もよく知られるようになっていますが、この念ずるとは一体何を念じたのか、これは坂村先生のお母様の言葉です。

念ずれば
花ひらく

苦しいとき
母がいつも口にしていた
このことばを
わたしもいつのころからか
となえるようになった
そうして
そのたび

わたしの花が
ふしぎと
ひとつ
ひとつ
ひらいていった

（『坂村真民全詩集　第一巻』大東出版より）

坂村真民先生は七歳の時にお父様を亡くされます。学校の校長先生をなさっていた方でして、お父様が亡くなって坂村先生を長男に五人の子供が残されました。

坂村先生のお母様のところに、そのお母様がやって来て、五人の子供のうち上の三人は親戚に預けて、下の二人だけを育てるように、説得しに来たのです。それを坂村先生はそばで聞いていました。女手一つで仕事をしながら五人の子供を育てていくというのは並大抵の事ではありません。そう説得されるのも無理ならぬ事で、やむを得ない事でもありましょう。

しかし坂村先生のお母様は、その説得に対して頑として首を縦に振りませんでした。夜中の十二時を過ぎても、更に午前一時の時計が鳴っても、お母様は首を縦に振らずに、とうとう説得には応じなかったのです。

その様子を小学生の坂村先生はじっと聞いていたのです。坂村先生はその母のおかげで、五人が離ればなれにならずにすんだと仰せになっています。そのお母様が苦しい中五人の子供を育てながら、口癖のように唱えた言葉が「念ずれば花ひらく」だったのです。この子らを決して手放すまい、母の強い思いがこの「念ずれば」の「念」なのです。

坂村真民先生と相田みつをさんと、お二人の根底には、あたたかい母の愛、念があると思われました。そのあたたかい思いを伝えようとして、たくさんの詩になり、書作品になったのだと思います。

母は皆観音さま、観音さまの心そのものです。

お釈迦さまは、「あたかも母が己が独り子を命を賭けても守るように、一切の生きとし生けるものどもに対しても、無量の慈しみの心を起こしなさい。立っていても坐っていても、眠らないでいる限りは、この慈しみの心づかいをしっかりと保て」と仰せになりました。

あらゆるいのちあるものに、恰も母親が赤子に接するような心を持てということです。

千手観音

坂村真民先生の詩にこんな詩があります。

目の見えない子が描いた
お母さんという絵には

いくつもの手がかいてあった
それを見たときわたしは
千手観音さまの実在をはっきりと知った
……
異様なおん姿が
少しも異様でなく
真実のおん姿に
見えるようになった

（『坂村真民全詩集　第五巻』大東出版社より）

目の見えない子供が、お母さんの絵を描いたそうです。そうしましたらその子供はおそらく、自分は人一倍お母さんに手を「かけてもらった」という思いからか、ご飯を食べさせてくれる手、いつもどこかに行くときに手を引いてくれる手、着替えをさせてくれる手、洗濯してくれる手、何本もの手を描いたそうです。

私たちの目には二本の手しか見えませんが、目の見えない子供には何本もの手が見えたのです。千手観音さまに千本の手があるという事が、偽りでない真実であります。私たちが今日まで育ってくるまでには、千本どころでは数え切れない多くの手を頂いています。

また千手観音さまは千手千眼といって、千本の手にはそれぞれ眼がございます。手と共にいつもその眼で私たちを見守っていてくれるのです。

この、母が子を思うあたたかい心を伝えるために、坂村真民先生も相田みつをさんも生涯かけて、書を書き詩を作られたのだと思います。

そのあたたかい観音さまのような心を、身近な人に分けてあげられるようになりたいものです。

南《なー》無《む》仏《ぶつ》

人の苦しみをすくおうとなさる
その心こそ仏さまのみ心であり
私たちのよりどころです

次に「南無仏」とあります。これは仏さまに帰依する、よりどころとするということです。

仏さまとは、これも私達の本心です。私達が生まれながらにもっている仏さまの心、人を救ってあげたい、苦しんでいる人を少しでも楽にしてあげたい、みんなの幸せを祈る、この仏さまの心が一番のよりどころです。

お釈迦さまは難行苦行の末に、あらゆるいのちあるものは皆仏心を持っていると悟られました。みんな持って生まれたのは仏心なのです。至道無難禅師は、

人は家を作りて居す。
ほとけは人の心にすむなり。

と仰せになっています。銘々みな心に仏さまがお住まいです。ただ普段そのことに気がついていません。

仏さまにお花をお供えします。その時に本当に仏さまに捧げるのなら、お花の向きを仏さま側に向けるはずでしょうが、必ず我々の方に向けてお供えします。

これはみな、銘々の心の中の仏さまにお供えしていることを表していると、松原泰道先生から教わりました。

記憶のはじまり

人の記憶はいつ頃はじまるものでしょうか。

その人その人によってさまざまでしょうが、私は満二歳の時に祖父が亡くなったことが、記憶のはじまりです。

一緒に暮らしていた祖父が亡くなり、葬儀をおこない、とりわけ火葬場に行ったときのことをよく覚えています。

この頃のようなきれいな火葬場ではなく、薄暗く不気味な「焼き場」で手に黒い手っ甲をはめた職員が祖父の棺桶をかまどにくべた様子を見ていました。

今のようにわずかな時間で焼けるわけではありませんでしたので、一度家に帰ったと思います。その折りに火葬場を出て振り返ってみると、煙突から白い煙が上がっていました。

その煙を母に手を引かれながら眺めていました。母は私に、

「おじいさんはあの白い煙になってお空に昇っていくの」

と教えてくれました。

お盆の原風景

初盆の時のこともよく覚えています。

私は紀州熊野の新宮市で生まれ育ちました。生家のそばには熊野川が流れています。

お盆の終わりには、熊野川の河原で各家がご先祖を送りました。銘々送り火をたいてお線香を供え、更にはご先祖がお帰りになる途中にお腹がすいてはいけないからと、おにぎりのお弁当もつくって共に川に流してお送りしました。

新盆の家では、たくさんの灯籠や提灯を河原で燃やして、僧侶が読経してい

ました。暮れゆく川辺のあちこちで、灯をともして祈り、そこに僧侶の読経が響き、生と死が一つになったような何ともいえない風景でした。

この頃は、河川が汚れる、燃やすと煙が出るといった理由で、川辺での送り火も行われないようです。時代の流れとはいっても寂しい気もします。

とりわけ一家の主が亡くなると、船を造って御霊を送りました。私の生家でも何日も前から家の前で船を造っていました。いよいよお盆の最後に河原で船にたくさんの提灯や灯籠を灯して流しました。

その時にも母は私の手を引いて「おじいさんはあの船に乗ってあちらの世界に帰るの」と教えてくれました。

ところが、その船は船の専門家ではなく素人の造ったものだったためか、わずか数メートル進んだだけで、私たちの見ている前でズブズブと沈んでしまいました。

その様子を見ながら子供心に「これではいったいおじいさんはどうなるの

か」と心配したものです。

「お空に帰る」と言ったり「船に乗って帰る」と言ったり、はて、おじいさんはどこに帰って行ったのか、実に不思議に思いました。

死していずこへ

人は死ぬ、その様子が私の記憶のはじまりです。そしてどこに行くのか分からない、漠然とした不安を持っていました。

更に小学校に入って、同じクラスの同級生が白血病で亡くなりました。いつも一緒に遊んでいたのが、急に入院すると聞いて病院にも見舞いに行きました。そのうちきっとよくなって帰ってくるだろうと思っていましたが、あっけなく亡くなりました。葬儀では友人代表で弔辞を読んだことを覚えています。

おじいさんのようなお年寄りではなくて、同じ年の子の死ですから、これにはこたえました。葬儀の後の精進落としでも何にも喉を通らなかった事も覚えています。

人は死ぬ、やがて家族とも別れなくてはならない、そしてそれはいつ訪れるか分からない、不安は更につのってゆきました。死んでどうなるかということが、子供心にも大きな疑問となりました。

ところがそういうことは学校ではまったく教えてくれません。関心を持っているだけで変な人だということになります。

ですから天理教の教会にも行きました、また浄土真宗のお説教を聞きに行ったりもしました。

絶海老師との出会い

そんな頃にまだ小学五年生でしたが、菩提寺のお寺の坐禅会に参加しました。

そこで由良《ゆら》の興国寺の目黒絶海老師にお目にかかりました。

目黒絶海老師には、私はそう長い間ご指導いただいたわけではありませんが、初めてお目にかかった老師さまであり、子供心に強烈な印象を受けました。

絶海老師が夏の坐禅会にご提唱にみえると、普段私どもが一番お偉いと思っている和尚が、頭をすりつけるように平身低頭してお出迎えなされています。何と更にお偉い方がいらっしゃるのだと感じ入りました。

いまにしても思い出しますが、当時夏でしたので、茶色い麻のお衣で、小柄な老僧が太鼓の合図で出て見えました。

その絶海老師が、ご提唱の前にご本尊に焼香して礼拝なされます。これがなんとも神々しく思われました。子供心に身震いするような感銘を受けました。

そのお姿に心ひかれて、坐禅に通うようになりました。

生死の問題を解決する道がここにあると子供ながらに確信いたしました。

それは直感です。学校の先生のいうことはどうもアテにならないけれどもこちらの方が本物だと思いました。

それから一生懸命坐禅に行くようになったのです。

今でも菩提寺の和尚さんが言います。私は坐禅会が始まる一時間も前に行って坐っていたというのです。和尚さんもさぞかし困ったと思います。

あまり熱心にくるものだから、独参に行けと言われたのが中学校二年の頃でした。

そうして、由良の興国寺まで行って相見《しょうけん》させていただきました。独参と言ってもよくわからないけれども、和尚さんが行けというものだから、由良の興国寺に行って絶海老師に相見して、公案をもらって坐禅をするようになったわけです。

当時の興国寺は今のようにまだきれいに復興される前で、老師はその中でもひときわ古びた小さな茅葺きの隠寮にお住まいでした。

雨の降る日はそこかしこで雨漏りがしています。老師のお部屋に呼んでいただいて、お茶をいただいていても雨漏りがしています。ところが老師はその中で「ああ、雨漏りじゃなあ」と言って、悠然とお茶をすすってらっしゃる。

これもまた私は大きな感動でした。

その頃お聞きした話はすべて忘れてしまっていますが、忘れられない印象に残っている事があります。

みんな仏さま

初めて老師のお話をお聞きしたときに、老師は高座に上って手を合わせて皆を見渡して、「今日お集まりの皆さまは、みんな仏さまです」と合掌して拝まれました。

一番偉いと思っていた和尚さんよりも更にお偉い老師さまが、合掌して拝まれたのは、何と私たちでした。これは不思議に思いました。

最初は、老師は何か勘違いをしているのではないかと思いました。私たちは、確かに少しばかり坐禅はしたけれども、心の中は雑念ばかりで、仏さまにはほど遠い。それなのに、どうして老師はみんな仏さまだといって、拝まれるのであろうかと、不思議でなりませんでした。

それから二十年来坐禅して、まさに老師の仰せの通り、銘々みんな仏さまであったというのが、結論です。

みんな仏さまの心をもっています。それこそが、一番のより所です。南無仏と手を合わせましょう。

与《よー》仏《ぶつ》有《うー》因《いん》　与《よー》仏《ぶつ》有《うー》縁《えん》

この仏さまの心が
私たちの持って生まれた本心であり
さまざまなご縁にめぐまれて
この心に気がつくことができます

さらに十句経では「与仏有因」とあります。これは「仏と因有り」と読みます。

仏さまと同じ原因を持っている、仏さまになる原因は、仏さまの心を持っているということにほかなりません。仏さまと同じ種を心にもって生まれているのが私達だということです。

続いて「与仏有縁」、これは「仏と縁有り」です。

仏さまになる一番の原因は我々が誰一人例外なく仏さまの心を持って生まれているということです。

ただどんなに、種があってもご縁が無いと芽が出ません。立派な種を持っていても、引き出しの奥に入れたままでは花が咲かないのと同じ道理です。

こうして仏さまの教えを学ぶことも大きなご縁です。様々なご縁で、本来持って生まれてきた仏さまの心が花開きます。

そして学ぶ気持ちがあれば、ご縁はどこにでもございます。

人との出会いもそうです。

人ばかりではありません。自然の景色に教えられることもございます。

「吾以外はみな我が師」と吉川英治さんが仰っています。いろんな人との出会いによって、この仏さまの心に気がつくことができます。

目黒絶海老師にはじめて参禅して、帰るときにご挨拶に参りますと、ちょうど老師が墨跡をお書きになっていました。

その手に持っている筆を手渡されて、流しで濯いでくるように言われました。その通りにしてお持ちすると老師は今洗った筆の先にチョンと墨をつけて、色紙に薄い墨絵で富士山を画かれました。

そしてその賛に、

すべっても
ころんでも登れ
ふじの山

と書いて下さいました。

「禅の修行は、始めたら最後までなし遂げなければいかんぞ」とお言葉をかけてくれました。
そのいただいた言葉一つを胸に刻んでまいりました。
振り返ってみれば、まさしく「すべって、ころんで」の連続でした。

松原泰道先生のこと

松原泰道和尚は平成二十一年、満百二歳でお亡くなりになりました。生涯現役、臨終定年と仰せになっていたとおり、七月の二十六日に近くの喫茶店で法話をなされ、その晩具合が悪くなり二十七日に入院、わずか三日ばかりの入院で二十九日にお亡くなりになりました。

私はこの仏教の教えとご縁をいただき、この道に入るに至った一番のご縁が松原泰道和尚でした。普段は泰道先生とお呼びしていましたので、泰道先生と呼ばせていただきます。

火

先生の
あの清澄
あの放射
あの芳香
それは
どこからくるのであろうか
先生のなかに燃えている火
衆生無辺誓願度《しゅじょうむへんせいがんど》
あの火を受け継がねばならぬ

（『坂村真民全詩集　第一巻』より）

私は恩師松原泰道先生のことを思うと、いつもこの坂村真民先生の詩を思い起します。私がまだ中学生の頃ご縁をいただいて、仏門に入り小池心叟《しんそう》老師のもとで出家したのも、円覚寺の足立大進老師のもとで修行して今日こうしているのもことごとく先生のおかげであります。

衆生無辺誓願度とは生きとし生けるものは限りないが誓って救ってゆきたいと願う心です。生きとし生けるものがしあわせでありますようにとの願いです。そのためにご自身の生涯を捧げきったのが、泰道先生でした。

泰道先生と私の出会いは、中学生の時にさかのぼります。

紀州の田舎で生まれ育った私は、ある日ラジオを聴いていて、たまたま泰道先生の「法句経」の講義を聴くご縁に恵まれました。

当時はまだテレビは一家に一台の貴重品で、父親が見るものであり、子供が勝手に見るものではありませんでした。ラジオが楽しみでよく聞いていました。そこで泰道先生の「法句経」の講義が月に一回、一年間連続でございました。「法句経」というお経の講義ながら、いかにも現代的なわかりやすい、明朗な口調で語りかけてくださいました。引き込まれるように毎月聴いていました。

その十二回の講義が終わった頃、たまたま上京する機会があり、是非ともこの先生に一度お目にかかりたいと思い、手紙を書いて出しました。

今にして思えば随分無茶なことをしたものです。当時の泰道先生は『般若心経入門』を書いて、講演に法話に執筆に多忙を極める毎日でした。

しかしながら、親切な泰道先生は、全く面識のない一中学生の手紙にも、親切なご返事を下さり、面会のお約束をしてくださいました。

精いっぱい生きよう

そして紀州の田舎から初めて上京して、三田の龍源寺で初めて泰道先生にお目にかかりました。

何を話したのか、全く覚えていませんが、たぶん生意気なことを申し上げ失礼なことをしたと思います。

その初対面の時に、私は何とも無礼にも、色紙を持っていって、

「仏教のお経はたくさんあり、本もたくさんあります。とてもすべてを学ぶことは不可能です。そこで仏教の教えを一言で言い表す言葉を書いてください」

とお願いをしました。

今思い出しても冷や汗が出ます。今の私に、もし中学生が同じ質問をしてきたら、相手にしないかも知れません。

しかし泰道先生はいやな顔ひとつなさらずに、お書き下さいました。それは短い詩でした。

花が咲いている
精いっぱい咲いている

私たちも
精いっぱい生きよう

と書かれていました。

「花はなぜ咲くのか、考えなさい。それは種を残すためとかいわれるでしょうが、その花が咲いている姿を見て、何かを学ぶことが大切です。花は与えられた命を精一杯咲いている、その姿を見て自分も精一杯生きようと学ぶことです」

と、確かそのようなことをお話し下さいました。

はじめはこんな詩の何処がいいのかわからなかったのですが、あれから三十年以上、私の修行時代を支える言葉となりました。何事もとにかく精一杯つとめる、これしかありません。

出来る出来ないという結果を問うのではなくて、今精一杯つとめる事です。

「小池心叟老師が良かろう」

そしてその後、たまたま関東の大学に受かりましたので、そのときにも、ご挨拶に伺いました。その折に、紀州の田舎から上京した私に泰道先生は、大学の保証人になってあげようと言ってくださり、感激しました。お言葉に甘え、保証人の書類にも後日署名捺印をいただきました。

そのときに、今までも田舎で坐禅を続けていましたので、これから東京で坐禅するお寺とお師匠さんをご紹介下さい、とお願いしました。

そうしましたら、泰道先生は、白山《はくさん》の小池老師が良かろうとお教えくださり、その白山の小池心叟老師のもとで私は出家し、そこのお寺が円覚寺派でしたので、こうして円覚寺ともご縁をいただくこととなりました。

当時泰道先生は、それこそ文字通り日本全国を駆け回る毎日でしたが、毎月の第一土曜日の坐禅の会には、龍源寺に見えてお話し下さりました。

それで、第一土曜日には欠かさず龍源寺にいっては朝からお寺の掃除をして、お昼をご一緒にいただき、終わった後も掃除片付けをして、また晩ご飯をご一緒にいただいていました。今にして思っても何とも有り難い日々でした。

当時の泰道先生は、昼間は各地の講演会をまわり、お寺では毎朝午前二時に起きられて原稿を書かれていました。

時間厳守が信条で、たしか午前六時ちょうどに朝のお勤めをなさっていました。

ご日常はいかにも質素枯淡で、お召しものも普段は質素、お食事もお昼は必ずおうどん、夜はお茶漬けでした。

それでいて、常に人様のために少しでも仏教の教えを説くんだという強い信念のもと、休まずにおつとめでした。

叱られて

そんな泰道先生の日常にふれて、私も是非この道を歩みたいと思いましたが、当時日本全国を飛び回る泰道先生は直接のお弟子を取らないと聞いていましたので、私は、大学在学中に白山の小池老師のもとで出家しました。

そのご報告をしようと思って泰道先生のもとに出かけました。

いつも温厚な先生でしたが、そのときばかりはとても叱られました。

私は先生と同じ道を歩むので喜んでもらえると思ったのですが、大変な剣幕で叱られました。

「私はこのお坊さんの世界ほどいやなものはないと思っている。なのに、その世界に君はこれからはいるのか、もっと今の時代に仏教を伝えるのにふさわしい道はあるのではないか」と。

今にして思えば当時泰道先生は、南無の会を立ち上げ、東京の喫茶店でお説法をするという、今までの仏教界にない新しい試みをはじめた頃です。それだけに伝統仏教の世界にとどまりたくない思いが強かったと存じます。そうはいっても既に、小池老師のもとで決意していましたので、私はそのまま白山の龍雲院で出家しました。出家のいきさつでそんなことがありましたので、しばらく泰道先生の下へは足が遠のいていましたが、いよいよ卒業して僧堂へ修行に出るときに、ご挨拶に出かけました。

保証人になっていただいたので、無事卒業出来たことと京都の僧堂に行くことを報告しました。さすがにそのときは、卒業をお喜び下さり、僧堂に修行に行くのに、はなむけの漢詩と和歌を下さりました。和歌は、

あれをみよ深山《みやま》の桜咲きにけり
まごころ尽くせ人知らずとも

これは泰道先生が、学生時代に卒業の前に徒歩旅行をして、たしか箱根の山中でしたでしょうか、誰も人のいない山中に見事な山桜が咲いていて、そこに刻まれていた歌だとお教え下さいました。

「まごころ尽くせ人知らずとも」これも私にとっては忘れられない教えです。修行は、定められたことをこなすだけでも大変ですが、人の見ていないところで、まごころ込めてつとめる、これは出来ないことです。

ただ、こうお教えいただいただけでも、幾分かはつとめるよう努力してまいりました。

それから長い修行が始まりました。やはり何の世界でもそうですが、外から見るのと実際にその世界のなかに入ってみるのとでは違います。よしやるぞと決心して入ったものの、時にはくじけそうになることもございます。

そんなときに、踏ん張ることが出来たのは、泰道先生にさんざん叱られて出家したからです。もしここで駄目でしたと言おうものなら、泰道先生にそれ見たことかと言われるに決まっています。

そこで、よーし負けてなるものかと頑張る事が出来ました。

叱ることも愛情のこもったものだということを教わりました。

修行には特別なコツはありません。ただ耐え忍ぶ、あきらめず、投げ出さずにつとめる事だけです。

修行時代にも折りにつけてお目にかかり、お教えをいただいていました。とりわけ、鎌倉に来てからは毎年のお正月には必ずご挨拶に出かけ、二人きりでいろんな話をうかがいました。

師家は縦糸

そうしているうちに、平成十年に足立大進老師から、僧堂の後を引き継いで師家《しけ》となり雲水の指導をすることになりました。そのご挨拶にうかがったときには、それは我が事のように喜んでくださいました。

禅宗の世界では、修行僧を指導する立場である師家には必ず特別に敬意を表して待遇します。

そのときにも、まだ三十代の私を床の間の正面に赤い毛氈《もうせん》を敷いて、大きな座布団を用意して、そこに私を坐らせて、泰道先生は下座からお祝いを下さり、とても恐縮しました。

それからは、いつうかがっても必ず師家である私を上座に坐らせてお話し下さりました。このことは、師家という責任の重さを身を以てお教え下さったと感謝しています。

ある時着物の生地をさすりながら、

「着物は縦糸と横糸とから出来ています。縦糸が表に出てはいけません。縦糸が表に出るときは着物がぼろになって使い物にならなくなった時です。

僧堂の師家は縦糸ですから、世間に出ないように、名前を知られないように
つとめなさい」

ともお教えいただきました。

師家になってからも、毎年必ずお目にかかっていました。その折々に親切なお教えをいただきました。

またある時には突然、

「今日はこの寺にどのようにして来たのか」

と問われました。私は必ず三田の駅から古川橋のお寺まで歩くようにしていましたので、

「はい、三田の駅から歩いてきました」

と申し上げると、

「盤龍老師は、上野の駅から歩いてみえました」

と厳しくいわれました。

盤龍老師というのは、泰道先生の得度のお師匠さんで、松島の瑞巌寺の老師だった方です。

老師だ師家だといわれても、タクシーなど使わずに歩くことを忘れるなというう教えでした。

衆生無辺誓願度《しゅじょうむへんせいがんど》

一番のお教えは、何といっても「衆生無辺誓願度」の一句です。

僧堂の修行が終わる頃に、絡子《らくす》（袈裟の一種）の裏に、これから私が終身保つ言葉を書いてくださいとお願いしました。

そうしましたら、その時には泰道先生はすでに満九十歳でしたが、謹厳な楷書で「衆生無辺誓願度」と書いてくださりました。

添え書きで、

「私にとってはやはりこの言葉しかありません」

と書かれていました。

「衆生無辺誓願度」とは、「生きとし生けるものは限りないが誓ってこれを救っていこう」という願いです。

自分の一生を人のために教えを説くことに捧げようという決意です。自分のことはさておいて人のために尽くす、これが泰道先生の御生涯でした。

かつてオウム真理教の事件が騒がれたときに、多くの仏教者、宗教者はみなことごとく教祖の麻原氏を責めました。それは当然です。多くの罪のない人を殺めてしまいました。円覚寺の境内にも坂本弁護士のお墓がございます。

その時に泰道先生はこう仰せになりました、

「私の布教の努力が足りなかったが為に前途有為な青年たちを誤った教えに走らせてしまった、申し訳ないことをした」と。

当時泰道先生は八十を越えてなお連日布教につとめていらっしゃいました。余人にはまねできない御日常でした。それでも人の悪口は言わずに、ご自分の布教を反省されていました。私はそのお言葉、先生の姿勢に心打たれました。泰道先生は百二歳の御生涯をその願いに生きられました。ご臨終に当たっても、その最期の三日前まで人の為に教えを説き続けていられました。亡くなってすぐに私は弔問に駆けつけましたが、床には直筆の遺言が飾られていました。

私が死ぬその日は、私が彼の土でする説法の第一日です

とありました。この願いは無辺、尽きることがありません、これこそ永遠の誓願であり、永遠のいのちです。

小鳥のたとえ

よく泰道先生がおはなしになっていた、たとえ話があります。

ヒマラヤの山麓に森がありました。ある時その森に山火事が発生し、火はまたたく間に燃え広がりました。

森に住む虎や獅子たちは懸命に火を消そうとしましたが、もう火が燃えさかり手がつけられなくなりました。動物たちも身の危険を感じて岩陰に隠れました。

そこで様子を見ていると、一羽の小鳥が自分の羽にわずかな水滴を載せて、炎々と燃えさかる火に注いで消そうとしています。

それをみて虎や獅子たちは小鳥に言いました。

「やめよ、やめよ、俺たちでもとても消すことは出来ないのに、お前がそんな小さなからだで水を運んで何になる。無駄だからやめよ、やめてお前も避難しろ」と。

小鳥は答えました。

「はい、私にこの山火事を消すことが出来ないことはよくわかっています。けれども長い間お世話になった森が燃えてしまうのを黙って見過ごすことは出来ません。出来る出来ないではなくて、私は水を運ばずにはいられないのです」と。

お釈迦さまはこのたとえを引いて、出来る出来ないが問題なのではなくて、なさずにはおれないというこの小鳥の精神こそ仏教の心なのだと説かれました。

不可能を不可能と割り切らずに、自分のなすべき事ならば、何処までもつとめてゆくべきだと泰道先生もお説きになりました。

世の中は、ちっともよくならないかも知れません。新聞やニュースを見ても暗い話題ばかりが目につきます。ますますわるくなるのかも知れませんが、あきらめてはいけない。どこまでも小鳥が自分の小さな羽に水滴を載せて注ぐように、わずかな事でもどこまでも努力してゆくことが大切です。

泰道先生が仏教の教えをまとめた言葉に、

小さいことでも、少しでも悪いことは避け、人にはよくしてあげよう、
これが御仏のおしえです

ともございます。

私たちは、ともすれば自分のことばかりに気をとられて迷いがちですが、何か人のためにと心を入れ替えてみることが大切だと存じます。

私たちも何事に当たっても、与えられたいのちを精一杯生きる、それも自分の都合ばかりでなく、人の為に尽くしていく、そこに本当の生き甲斐、喜びが生まれてくるかと存じます。

人の為にと言っても、何も松原先生のようにすばらしいお説教をして、たくさんの本を書いたり特別なことでなくても、身近な人ににっこり微笑む、笑顔や、ありがとうとあたたかい言葉を掛けることや、困っている人、苦しんでいる人の幸せを祈ってあげることなど、出来ることで結構です。

小鳥の一滴でも、大きな事になります。

「仏と因有り、仏と縁有り」様々なご縁をいただいて仏さまに近づいてゆくことができます。

仏《ぶっ》法《ぽう》僧《そう》縁《えん》

仏さまと　仏さまの教えと
教えを共に学ぶ仲間とによって

お釈迦さまは、お互いにこの不安の世の中で、よりどころを持ちなさいと教えてくださいました。とりわけ「仏法僧」の三宝というよりどころをお説き下さいました。三つの宝です。

まず第一に「仏さま」です。こういう不安な時なればこそ、お寺にお詣りして、仏さまに手を合わせると、それだけでも心が安まります。

円覚寺では私が管長に就任してまず、今まで鎖されて中に入れなかった仏殿を開けて、仏殿の本尊お釈迦さまを間近で拝んでいただけるようにしました。

あの大きな宝冠釈迦如来の真下で、手を合わせて仏さまを仰ぐと、仏さまと目が合わさり、仏さまが私達をお見守り下さっているような気がして、心が落ち着きます。

仏さまを拝む心、この心を仏心《ぶっしん》とも申します。みな仏心を持って生まれてきました。仏心を持っていればこそ、仏さまの前で手が合わさるのです。この手を合わす心、仏心こそが私達の一番のよりどころです。

二番目に「法」とは教えです。お釈迦さまの教えです。お釈迦さまの教えは「無常、無我」に尽きます。無常を見つめてそこから心の安らぎを得なさいとお教えになりました。「無常」とは、常でない、移りかわることです。この度の震災でもこれほど無常を感じさせられたことはありません。私達は無常、はかなくもろく弱いものです。

「無我」とは、ものはそれ自体では成り立たない、あらゆるものと関わり合っていることを申します。みんなつながりあっているということです。

お釈迦さまの教えを学ぶには、経典を学ぶことが一番ですが、大自然の姿からも学ぶことができます。一輪の花が咲いている、その姿にも十分に学ぶことができます。

花は無常であり、もろくはかないものです。明日にはもう散ってしまうかもしれません。しかし決して愚癡《ぐち》を言わずに、与えられたその場所で、精いっぱいお日様の光を浴びて今のひとときを咲いています。

そして常に明るい方へ、日の当たる方へと枝を伸ばします。はかなくもろいからこそ、今日一日を精いっぱい生きることを一輪の花から学ぶことができます。

三番目は「僧」です。今日では僧侶、お坊さんを指して使われますが、本来は集まり、仲間という意味でした。共にお釈迦さまの教えを学ぶ仲間、集まりを僧と呼びました。人間は弱く決して一人では生きてゆけません。仲間があって、助け合い支え合ってこそ生きて行くことができます。

坐禅もおうちで一人でもできますが、お寺にきて皆と共に坐ることが大きなよりどころとなります。

小池心叟老師のこと

松原先生とのご縁をいただいて、大学に入ってすぐに白山道場の小池心叟老師のもとに坐禅にまいりました。

その当時は、弟子もいなくて老師は一人でした。電話をしても老師が出られましたし、坐禅にきましたといっても、老師が玄関に出てこられました。

目黒絶海老師のところで坐禅をしていたと言いましたら、喜んでくれました。

小池老師と絶海老師とは、雲水時代から非常に仲が良かったらしいのです。

そこで私の事を「絶海さんの所から来た」といって大事にしてくれました。

最初から学校の勉強より坐禅が大事だと思っていましたので、もう学校の休みには老師のところで参禅していました。

坐禅が終わって掃除をしたり、お寺のお手伝いをしていると、ご飯を食べさせてくれました。その当時は老師もそんなに忙しいということではなかったようです。

老師は話し好きでした。ご飯を食べて夜遅くまでいろいろ話をしていただきました。

そんなことをしているうちにだんだんお寺にいる時間が長くなって、不思議なことですが、なんとなく弟子ということになってしまいました。

ある時に、何かの行事があって、「今日は頭を剃っていくか」と老師が仰せになりました。

私もなんのためらいもなく「ではお願いいたします」ということになって、お風呂場に行きました。そして頭を剃ってもらいました。そんな感じでした。

僧堂に行く前に式だけはやっておこうというので、あとで得度式はやりました。

大学を卒業して、小池老師の修行なされた京都の建仁寺僧堂にまいりました。そこで湊素堂老師について修行を始めました。

人生の転機といいますか、建仁寺の僧堂に三年ほどおりました時に、湊素堂老師が病に倒れられました。また、白山の小池老師も喜寿を迎えて、一人でお寺を切り盛りするのが少し大変になりました。

白山のお寺には、いま東福寺の管長になっている一番弟子がいたのですが、当時は福岡の大きな寺にいました。それで、一度しばらく私に帰ってほしいということだったのです。

それでしばらく老師のもとで独参しながらやっていましたが、まだ二十代でしたし、もう一度僧堂に行ってみんなの中で修行したいなあという気持ちもありました。

そういう時に、松原泰道先生のところへ伺う機会がありました。お忙しい方ですから、なかなか時間もないのですが、その時はたまたま誰もいなくてゆっくりお話出来ました。

小池老師のもとでとどまってお手伝いしながら修行すべきか、もう一度僧堂に行くべきか、そのような話をしたら、一言だったですね。先生はこういう核心の話については、余計な事は言わない方でした。

「『正法眼蔵随聞記』をご覧なさい」

それは明全《みょうぜん》和尚のことです。道元禅師のお師匠さんでもある明全和尚が、道元禅師と中国へ行こうかという時に、明全和尚のお師匠さんが病気になりました。お師匠さんは、弟子である明全和尚にこの度の中国行きは少しまって私を看病して看取って欲しいと頼まれたのです。そこで明全和尚はお師匠さんの看病をして、お師匠さんを看取ってから中国へ行こうかどうしようかと迷ったということです。

ほかの弟子達は、みなこの度の中国行きはいったん取りやめて、お師匠さんを看取ってからにすべきだと言いました。

しかしその時、明全和尚は、「今中国に渡って修行するのをやめるべきでは無い。直ちに修行すべきだ、そうしないと弟子の求道を妨げたとして師匠に罪を作らせることになる。中国に渡って悟りを開けば、大勢の人の為になる。たとえ修行の途中で亡くなることがあっても、求道の為に亡くなるのに悔いはない。」と言われました。そのことを受けて道元禅師も、一時の迷いの愛情によって、求道を妨げてはならないと説かれています。

松原先生は、余計な説明はいたしません。『正法眼蔵随聞記』にある、というだけです。それで私もハッと分かって腹を決めました。そのあと、珍しくその日はほかの来客も無く、ほぼ一日先生と二人で色んな話をして過ごしました。今思っても忘れられない一日でした。

円覚寺の足立大進老師のもとへ

ちょうどその折りに、円覚寺の本山から送ってくる季刊誌「円覚」に載っていた「速達で送った引導」という足立大進老師の文章を拝見しました。

学生時代によく円覚寺に坐禅に通っていた、足立老師とも親しい方が、ガンにかかって一年も持たない容態になった。老師はお見舞いした後に、速達で手紙を出されました。

その「速達で送った引導」の中に、こんな言葉がありました。

君のトレードマークの
笑顔を病床に見て
安心した

「死」は必定の栖処《すみか》
安らかに迎えたまへ
……
医師看護師さん　そして
家族に「アリガトウ」を
忘れずに
妻を愛し　子供を慈しみ
会社の為にも大いに尽くした
その誇りをもって「サヨナラ」を
言いなさい
五岳上人の辞世に
いざ西に
向いてお先に

出かけます
ゆっくりござれ
あとの連中
とある
「アリガトウ」の一句に
すべてをこめて
安らかに去れ
右　引導申すなり

こういうことを言える老師について修行してみたいと思って、円覚寺にお世話になることになったわけです。後は、毎日毎日坐禅の修行をしておりました。

そうして三十五歳の時に足立老師から僧堂の指導を任され、平成二十二年に、管長になりました。

小池老師がよく「桃栗三年　柿八年　ゆずは九年で実を結ぶ　梅は酸いとて十三年　みかん大馬鹿二十年」と言っては、禅の修行も大馬鹿になるには二十年かかると仰っていました。私はそんなに体も丈夫で無く、意思も強くありませんので、とてもそんな長い間修行はできまいと思っていましたが、気がついたら管長に就任するまで足立老師に足かけ二十年お世話になりました。

仏心の中

また私は坐禅を始めた頃に、よく円覚寺の朝比奈宗源老師の本を読んでいました。まだ中学か高校生の頃です。その著『仏心』を何度も繰り返して読みました。

私は身近な人の死で記憶がはじまったものですから、普段から死を気に掛けるようになっていました。小学生から坐禅に通ったり、本ばかり読む変わった子だったと思います。

そんな中で朝比奈宗源老師のご本を読みましたので、老師が四歳の時に母を亡くされ、更に七歳で父を亡くされて、私など以上に死について幼い頃から深く考えられ、早くから本格的な坐禅に志したという話には、深い共鳴と感動を覚えました。

朝比奈老師は、菩提寺の涅槃《ねはん》図を拝んで、「お釈迦さまはお亡くなりになるというのに、なぜ穏やかなお顔で画かれているのですか」とお寺の和尚さんに問うと、お寺の和尚は「それはお釈迦さまは死んでも本当は死んでいないのだ」とお話し下さり、この「死んでも死なないいのち」とは何かを子供心に考えたと言われます。

朝比奈老師は十歳の頃に出家なされ、ひたすら坐禅修行して「死んでも死なないいのち」の世界をつきとめ、更に生涯にわたって説き尽くされました。

朝比奈老師は、

「私たちは仏心という広い心の海に浮かぶ泡の如き存在である。生まれたからといって仏心の大海は増えず、死んだからといって、仏心の大海は減らず、私どもは皆仏心の一滴である。
仏心には罪や汚れも届かないから、仏心はいつも清らかであり、いつも安らかである。これが私たちの心の大本である。
仏心の中に生き死にはない。いつも生き通しである。
人は仏心の中に生まれ
仏心の中に生き
仏心の中に息を引き取る
生まれる前も仏心、生きている間も仏心、死んでからも仏心、仏心とは一秒時も離れていない」
と喝破されています。
坐禅の修行は格別偉くなることでも、特殊な力を身につけることでもありません。「すべってもころんでも」皆この仏心の中にあることに気がつくことです。

しかしながら、坐禅の修行は、皆仏心の中と悟ってそれきりではありません。生も死も仏心の中とすましていいわけではありません。仏心の中にありながらも、人は生を喜び死を悲しみ、苦しみ悩むものです。その悩み苦しみをしっかり見つめ、ともに悩み苦しむ慈悲の心が出てこなければなりません。

朝比奈老師は、

「慈悲とは慈しみであり、思いやりである、人の不幸を見てああお気の毒な、どうかしてあげたいと思うだけでも善業です」

と説かれています。この慈悲の心こそ仏心にほかなりません。

かつて遠く紀州熊野で、朝比奈老師の『仏心』を読みふけって坐禅していた青年が、その老師の円覚寺に住するとは夢にも思わぬ事、実に奇しき因縁です。

「仏法僧縁」まさに仏さまに出会い、その教えを学び、教えを学ぶ仲間にいれていただいてまいりました。

常楽《じょうらく》我《がー》浄《じょう》

わたしたちはいつの世にあっても
変わることのない思いやりの心を知り
苦しみ多い中にあって
人の為に尽くす楽しみを知り
この慈悲の心を持って生きることが本当の自分であり
汚れ多き世の中で
清らかな道であると知りました

さらに続いて「常楽我浄」です。

「共白髪　誓った主人は　はげ頭」そんな川柳がありました。世の中は思うようにはいかないものです。

この頃はお寺でも結婚式をいたします。円覚寺で結婚式を行うときには、私が戒師といいまして、教会の神父さんのような役を務めます。

その時にお互いに、「終生苦楽を共にすることを誓います」と誓いの言葉を述べていただきます。仏さまの前でそう誓いながらも、そうはいかない場合も出てくるのがお互いの人生でもあります。

相田みつをさんの日めくりカレンダーに、

あてにするからはずれるんだな

という短い言葉があります。こんなはずではなかったのにと思うことが普段でもよくございます。この言葉を見ると、なるほどその通りだと頷かされます。

天気予報で今日は雨は降らないでしょうと聞いていて、傘を持たずに出かけて雨に降られますと、私たちはなんでだと腹を立てたりします。思うようにいかなかったから腹を立てます。「天気予報聞きのがしたる一日は雨でも晴れでも腹が立たない」という俵万智さんの歌がありました。天候の予知予測は往々にして裏切られがちです。そこそこの目安にしておくのが無難な気がします。

私たちが誰でも絶えずあてにしながら、いつも外れてしまうことがあります。自分たちの思うようにゆかないもの、お釈迦さまはそれを四つ取りあげまして、「常楽我浄」という言葉で表しました。

「常」とは常に変わらないことです。いつも同じでいて欲しいと思う、それが思い込みであり、あやまったものの見方であります。

世の中は常に移り変わる、人も世界も一時たりとも同じではないのです。でも私達はいつも同じようでいて欲しいと思います。

ご年配の方にお目にかかりますと、私も「ちっとも変わりませんね」などと申し上げますが、あれはそうではないのです。残念ながら前にお目にかかったときよりも確実にお年を召しています。

ところがそれを「去年よりもお年を取りましたね」などと、そのまま真実を申し上げますと、それからお寺には来なくなってしまいます。

皆さんも「変わりませんね」とか「ちっともお年をとりませんね」「お若く見えますね」など言われましたら、ああ年を取ったのだとお思い下さい。

お若い二人が「永遠の愛を誓います」と言いますが、残念ながら、あやしいものです。世の中は「常」ではない「無常」だというのが真理です。

二人で永遠の愛を誓うなどというのも、お釈迦さまの教えでは、それは思い込みにすぎないと言われてしまいます。これから結婚をしようかという方にはお気の毒ですが、そうなのです。

次が「楽」。文字通り楽だと思いたいのです。二人で一緒になれば、楽に毎日暮らせる、毎日が楽しい、残念ながらそうはいきません。毎日は楽ではありません。

楽の反対は「苦」です。世の中は苦しみだとお釈迦さまはお説きになりました。生まれる事の苦しみ、老いる事の苦しみ、病の苦しみ、やがて死を迎える苦しみ、好きな人と別れる苦しみ、嫌な人に会う苦しみ、求めても得られない苦しみ、この体と心に感じるものは苦しみだと説かれました。

この苦しみというのは、思うようにはいかないという意味があります。生まれる事も、死ぬことも、病になることも、年を取ることも思うようにはいかないのです。

思うにまかせない世の中を、堪え忍んで生きる道をお釈迦さまは説かれました。

その次が「我」です。自分は一人で生きている、何でも自分の思うようになるという思い込みです。人間、調子の良いときにはそんな気にもなりますが、自分一人では生きていけませんし、世の中自分の思うようにはいかないものです。決して一人ではなくて、お互いいろんなところで関わり合って生きております。それを「無我」と申します。

最後が「浄」。清らかです。二人一緒になって、あこがれの人と暮らして清らかな暮らしを夢見ます。実にそれは夢です。現実は、「浄」清らかではありません。「不浄」です。毎日毎日掃除洗濯をしなければなりません。

お釈迦さまは、このように世の中は無常である、永遠なものはない、もろくはかない、楽ではない苦である、苦しみに耐えねばならない、我の思うようにはいかない、不浄であると説かれました。

これだけを聞かされますと、だから仏教は暗くて嫌だと、お若い人が敬遠なさるのも道理かと思います。クリスマスで楽しくやって、永遠の愛を誓いましょうと言っている方がよほど楽しかろうと思われます。

しかし、お釈迦さまは、真理をありのままに見つめて、無常の中で何が起こるか分からないと心して生きましょう。楽しい事ばかりでは無い、むしろ苦しみを耐えて生きる事に幸せがある、我独りでは無い、お互いに助け合って、わがままを通さずに譲り合って生きましょう、不浄ですから、お互いに毎日きれいにするように心がけて生きましょうとお説きになりました。

無常、苦、無我、不浄

無常である、苦である、無我である、不浄であるとみることはありのままにものを見ることにほかなりません。その方が肩の力が抜けて楽になります。ありのままにみる、じつはこれほど難しい事はありません。どうしても私たちは自分の都合の良いようにものを見ています。

皆さんも同じ場所に同じ時間いても、見ているものは様々で、一人一人実は違います。衣装に関心のある方でしたら、今日の管長さんはどんな衣装かよく覚えています。でも関心のない人には見えません。

話を聞いても、同じ話でも聞く人によってみな違うのです。ある方は円覚寺の日曜説教にいって法話を聞いたけれども、法話と言っても単なる世間話だったと言われます。いろいろです。

よく坐禅してもなかなか無心になれませんと仰る方がいます。たしかに、無心にはなれないと思いますし、本当に何も考えないことがいいのであれば、何もわざわざ手を組み足を組んで痛い思いをして坐る必要は無いかと思います。

戒・定・慧

ありのままにものを見る智慧を身に付けるためには、まず心に戒めを持つことが大事です。

いのちあるものを殺さないように、嘘偽りを言わないように、人のものを盗らないように、男女の間を乱さないようにという四つの戒めが基本です。もっと言えば、いのちを傷つけるようなことはしないようにということに尽きます。

こういう、心に常に歯止めがきくようにしつける事が、ありのままにものをみる智慧を身に付ける第一歩です。

そうして次には禅定、心を静めます。その要領は腰骨を立てる、下腹丹田に力をこめる、そして息を長くゆっくりすることの三つです。この三つを要領に、静かに心を落ち着けます。

特に腰骨を立てる事は普段でも絶えず意識すべきことです。

哲学者であり、一生涯を教育に捧げた森信三先生は、「常に腰骨をシャンと立てること、これ人間に性根の入る極秘伝なり。」「もししっかりした人間になろうと思ったら、先ず二六時中腰骨をシャンと立てることです。」と仰せになっているほどです。

更には、「私は今人から『子供の教育上なにが一番大事かと』と問われたら、一瞬の遅疑もなく『それは常に腰骨を立てる人間にすることです』と答えます。この立腰を我が子にしつける事が出来たら、これこそ親として我が子への最大の遺産と言えよう。しかしそれだけにまた容易ならぬ事と言えます」とまで仰っています。

ありのままにものを見る智慧は、本来私たちがもって生まれているものです。お釈迦さまのお悟りは、あらゆるいのちあるものはみな仏心を持っているという事に尽きます。この仏心とは、とりもなおさず、ありのままにものを見る智慧と慈悲とに表すことが出来ます。

ありのままにものを見る智慧とは、心は鏡のように、どんなものでも、ありのままに写し出すというものです。

坐禅して、何も聞こえないというわけではありません。

白山の小池心叟老師は、九十歳くらいまで毎朝二時間も坐禅していましたが、終わると、今日は鳥が鳴いていた、ウグイスがきていた、鳥がやかましいなどとよく言われていました。

はじめは老師は無心になっていないのかな、などと思ったものですが、ありのままに聞こえるのです。逆に心になにかひっかかることでもあると、何も聞こえなかったりします。思い悩んで道を歩いていては、まわりの景色もなにも目に入ってきません。

坐禅してそのあと外に出てみると、今まで気づかなかったものが目に入ってきたりします。「よくみればナズナ花咲く垣根かな」と松尾芭蕉は詠みました。それから次に、あらゆるいのちあるものがみな平等である、という様子が見えてきます。

私達は普段何を見ても差別、区別して見てしまっています。

しかし真理はみな平等です。いのちあるものは、それぞれの姿形の違いはあっても、みな平等だと分かる智慧です。

その次には相手のことがよく観察できる智慧です。なにも気がつかないのではありません。相手の様子がよく分かる智慧です。そうして見えてきますと、その時その場でどう働いたらいいいか具体的な智慧が働きます。

智慧と慈悲

仏心は智慧と慈悲です。究極は慈悲の心を働かせてゆくことです。

もっと具体的に言いますと「慈悲喜捨」と申します。

「慈」は慈しみ、思い遣り、相手に何かをしてあげたい、何かを差し上げたいと思う心です。

「悲」は悲しみです。相手が悲しんでいるのを見て一緒に悲しむ心です。そうして相手の悩み苦しみを何とか取り除いてあげたいと思う心です。

それから「喜」、よろこびです。これは嫉妬や憎しみの反対で、相手がよろこんでいるのを見て、ともによろこぶ心です。

最後が「捨」、捨てるとありますが、何物にもかたよらない平等な、平静な心です。

これが理想として目指す心です。いつも穏やかな心でいる、これが究極の慈悲の心です。

はじめに永遠の愛なんてないと申し上げます。幻想を懐いても仕方ありません。毎日相手の様子に気がついて、その時何をしてあげたらいいか、どんな言葉をかけてあげたらいいか、ありのままに見て智慧を働かせて、「慈悲喜捨」の実践が大事です。

自分の事ばかり頭にあったのでは、そばにいる人の様子にも気がつかなくなってしまいます。朝の一時でも心を澄ませて、常に相手に何をしてあげたらいいか、つらいこと苦しい事があるようなら、ともに悲しんで、どうにかしてその悲しみを取り除いてあげられないか智慧を働かすことです。

喜んでいたらともに喜んであげます。そしていつも穏やかな心でいてあげることが、相手には一番の慈悲です。

こうして智慧を働かせて、慈悲喜捨を実践してゆくことで、まことの常楽我浄が得られます。

お互いをいたわり、思いやる、何かをしてあげよう、つらいことがあったら聞いてあげよう、うれしい事があればともに喜んであげよう、いつも穏やかな心でいることによって、「常」つねに変わることの無い「楽」楽しみが毎日得られ、「我」慈悲の心を持って生きることこそ、まことの私であり「浄」清らかな生き方であるということが出来ます。

その昔、ある学生が山田無文老師にお尋ねをしました。

「本当の自分とは何でしょうか。」

無文老師は答えました。

「きみは今日から、自分のことを勘定に入れないで何か一所懸命人のために尽くしてご覧なさい。とにかく一所懸命人のために尽くして、そして心から良かったと思える自分がいたら、それが本当の自分ですよ」と。

自分のことを勘定に入れず人のために尽くすとは、観音さまの心、仏さまの心そのものです。そしてこの仏さまの心こそが私達の本心なのです。

坂村真民先生に「消えないもの」という詩があります。

消えないものを
求めよう
消えないものを
身につけよう
消えてゆく身だけれど
消えないものがある

それは愛
そして真心《まごころ》　（『坂村真民全詩集　第七巻』大東出版社より）

移ろいやすい世の中にあって、人を慈しみ思いやる心こそ、変わらぬものであり、苦しみ多い世の中にあって、人を慈しみ思いやることこそが本当の楽しみであり、人のために尽くすことこそが、本当の我、本当の自分であり、人のためを思う心こそが一番清らかであるということです。

この「常楽我浄」こそ観音さまの心のすばらしさであり、私達の本心である仏さまの心のすばらしさでもあります。

無文老師との出会い

高校生の頃に、山田無文老師にお会いしたことがあります。

初めはラジオでお話しを聞きました。その中で無文老師は、学生の時に論語の中の「訴えを聴くこと吾れなお人の如し。願わくは訴えなからしめんか」という言葉に出逢って大いに悩まれました。

裁判官になって人を裁くことは自分にもできる、しかし裁判の無い、争いの起こらない世界が私の理想だという意味です。

この言葉に出逢って何を目指せばいいのか悩んで、河口慧海老師の下でチベットのお経に触れて、無文老師は感動されました。

「もしこの地上をすべて牛の皮で覆うならば、みんな裸足で歩けるが、そんなことは不可能だ。しかし自分の足に七寸の靴をはけば、どこでも自由に歩けて、世界中を牛の皮で覆うたと同じことである。この社会、この世界を、争いのない、みんなが幸福に暮らせるような理想的な社会にしていくことは容易なことではない。しかし自分の心に菩提心を発せば、この世界がただちに理想の世界になったと同じことだ」と、こういうことが書かれていたそうです。

菩提心とは、自分の事はすべて忘れて人様の為に尽くしますと誓うことだと、語られていました。

そのお話しをラジオで聞いて私もとても感動しました。この老師に逢ってみたいと思いました。

そんな折りに、お寺の坐禅会で山本玄峰老師のお話しをカセットテープで拝聴していたので、一度玄峰老師のお墓参りに行きたいと思って出かけました。

私の居た新宮からバスに乗って湯の峰まで行ったのですが、墓なんかそう簡単にわかるわけがありません。

湯の峰の「玄峰塔」の前でお婆さんにお墓のことを聞きましたら喜んでくれて、それなら案内してあげるということになりました。

あとでわかったのですが、その方は「あづまや」という旅館の女将さんでした。この旅館が玄峰老師とはとても縁の深い旅館でした。それでお墓にお参りして、お昼までご馳走になったのです。

その時、女将の玉置梅子さんは私を見て言ったのです。

「あなたはお坊さんになる方だ」

というわけです。

「今度無文老師がいらっしゃるので、ぜひお会いになりなさい」

と言われた。

山田無文老師といえば当時は大変ご高名な方でしたから、私にとっては驚天動地のことでした。

この日に来なさいと言われて湯の峰に行ったのですが、旅館の女将さんの手配ですから、無事に当時妙心寺派の管長でいらっしゃった無文老師にお会いすることができました。

無文老師はその「あづまや旅館」をずいぶん大事にしておられました。そこでお会いした時に、私はこう思いました。

「自分もこういう道を行きたい。」

その時十五歳でした。十五にして学に志すと言いますが、そんなことでした。晩年の山田無文老師は、あまり、ものを仰りませんでした。

しかし、私はその姿に打たれました。二、三、言葉をかけてくださいました。ものは言ってくれないと言われましたが……。

「よく来てくれたなあ。わしの本でも読んでくれたのか」

「これこれこれの本を読みました」

などと言って、それぐらいの会話です。しかしそれが嬉しくて嬉しくて。

今時の子供にしてみれば有名なタレントに会ったような気持ちでした。学生服を着ていましたが、一緒に写真を撮らせていただきました。その写真も今はどこに行ったかわかりませんが。

今にして思うと、自分の若き日のことを思いだされたのかなあと思います。やはり無文老師にお会いしたということは、本物、実物にお会いしたという感じでした。無文老師が八十歳の頃のことでした。

やせて、枯れて、仙人のような感じを受けました。

人間は修行したら、ここまで清らかになれるのかと、その時に思いました。

それが大きな感動でした。

このような方が目の前にいらっしゃるのだから、菩提心をもって生きる事はまことだ、人の為に尽くしきる事が真実の生き方だと確信しました。そして自分もやれるかもしれないと思いました。

いつの時代にあっても変わることのない真実、そしてその真実を実践した方を目のあたりにすることができました。

朝《ちょう》念《ねん》観《かん》世《ぜー》音《おん》　暮《ぼー》念《ねん》観《かん》世《ぜー》音《おん》

朝に観音さまを念じ
夕べに観音さまを念じ

次は「朝念観世音、暮念観世音」です。朝に夕に観音さまを念じます。朝も夕も観音さまの心、私達の本心である仏さまの心を呼び覚まして、身近な人に親切に思いやりをもって接してゆこうということです。

朝に夕にということは、常に念じることであります。仏法の信は、燃えさかってすぐ消えるよりも、水のようにずーっと、たえまなく継いでゆくことが大事だといわれます。「常念観世音」という言葉もございます。常に観音さまを念じることです。

昔、中国の禅僧で華林禅師という方がいました。山中にこもって暮らした方です。

ある役人が山の中に禅師を訪ねます。もう、かなりの高齢だというのに禅師はお一人のようですから、禅師には侍者はいないのですかと聞きます。禅師は私には二人の侍者がいると答えます。どこにいますかと聞くと、禅師は「大空、小空」と呼びました。

そうすると、岩陰から二頭の虎がウォーッと声を上げて出てきました。役人がびっくりすると、禅師は、これは大事な客人だからおとなしくせよと二頭の虎に言い聞かせました。

役人は、いったい禅師はどんな修行をして、このようなお力を身につけられましたかと聞くと、禅師は私は「常念観世音」、常に観音さまを念じているとお答えになりました。

常に観音さまを念じるとは、常に観音さまのお心と一つ、常に慈悲の心でいることです。常に慈悲の心でいれば、どんな猛獣でもなつくことになるのでしょう。

この華林禅師は毎晩坐禅しながら、途中坐禅に疲れると山中を観音さまのお名前を唱えながら歩くという修行をされた方です。そうして常に観音さまのお心と一つになられたのです。

延命十句観音経との出会い

高校生の頃、購読していた「大法輪」の中で、井上球二さんが「一人一寺・心の寺」という運動を始められるという記事を見ました。心に寺を建てて、「延命十句観音経」を誦もうという会でした。

自分ながら白隠禅師を勉強していましたので、白隠禅師が「延命十句観音経」を大事にしていたということも知っておりました。

玄峰老師も必ず提唱の最初に「延命十句観音経」を誦んでいたと聞いていました。

そういうこともあって、この「延命十句観音経」を誦むということに興味を覚えて井上球二さんに手紙を書きました。春秋社から出た『一人一寺・心の寺』にそのころの文章が少し載っているのではないかと思います。

大学に入ってからも、井上球二先生にはずいぶん可愛がってもらいました。また先生ご自身、「延命十句観音経霊験記」に挿絵をたくさんいれた現代語訳を出されてもいました。

正式に僧侶になるまえから、この井上先生を通じて、私は毎日「延命十句観音経」を誦むことが習慣になりました。

その後、白山道場の小池心叟老師のもとで出家しましたが、不思議なご縁で小池老師も「延命十句観音経」をずいぶん大事にする人でした。

白山道場を開いたのは渡辺南隠老師という方で、この方は明治の頃に「延命十句観音経」を大事にした方です。在家の人にも一所懸命勧めたようです。龍雲院にも「延命十句観音経」の碑が建っています。玄峰老師のお師匠さんにあたる見性宗般老師が讃を書いている、百嶺居士の画です。

南隠老師という方は、小池心叟老師も、もっとも尊敬されていた方です。初めは儒学を学んで広瀬淡窓などに師事し、大分県の日田でも学んでいます。更に京都の佐藤延陵についても学びました。

たまたま延陵について東福寺を訪れた際に、ある禅僧が悟りについて、別に変わったことはないが、お前さん達の声は咽喉から出るが、禅僧は肚《はら》から声が出ると言われるのを聞いて、出家を志しました。

諸方を行脚して修行を重ね、最後は久留米の梅林寺の羅山老師について印可を得られました。その後も井深正眼寺の雪潭老師や美濃の虎渓山の湛海老師などについて修行を重ねた方です。

後に東京谷中の全生庵に入寺し、その折りには山岡鉄舟居士の葬儀の大導師も勤めています。鉄舟が亡くなってから、白山の龍雲院に入って、白山道場を開いて広く在俗に禅の指導をなさった方です。

南隠老師は、坐禅をするのが大変な人や、御婦人方には「延命十句観音経」を勧めたのです。そういうことなものですから、小池老師も「延命十句観音経」を大事にされていました。名刺ぐらいの大きさの「延命十句観音経」を作って、皆さんに配っておられました。

その頃から私は、このお経をただ読誦することは続けておりました。

南隠老師が「延命十句観音経」について書かれたものが残っているのですが、それを見ますと、「祈り」というより、「延命十句観音経」をずーっと誦んでいて、「三昧に入る」ということです。

ある婦人に「延命十句観音経」を誦ませて、婦人が一生懸命に誦んでいると、南隠老師がそのそばにいて、頻に鞭撻を加えて「声が上すべりになっている」とか「踵からでていないぞ」というように励ましたと書いています。

白隠禅師も『延命十句観音経霊験記』の最後に書いてありますが、「若し人如法にこの経を真誦せんと欲せば一日心にひそかに斎戒沐浴し一室を鎖し、厚く坐物を敷き端然正座して脊梁骨を竪起し、真実に口には此の十句観音経を念誦し」とありますように、正身端坐して丹田に力をこめて三昧に入るということです。

やはり、南隠老師は、いっぺんに、坐禅公案というのは無理でも、腰を立てて、呼吸を深くして、丹田に力をこめてひたすら「延命十句観音経」を読誦し、誦み続けて三昧に入るという指導をなされていました。これが白隠禅師の教えです。

念《ねん》念《ねん》従《じゅう》心《しん》起《き》

一念一念　何をするにつけても
この思いやりの心から行い

「念念従心起」は一念一念、何をしても何を思っても、心より起こす、観音さまの心、仏さまの心、人を慈しみ思いやる心から、まごころより行動を起こしてゆくことです。

一手間かける

ある朝、新聞を見ていてこんな記事を見つけました。「一手間かけた日本人」という記事です。この方は、お茶に注目していました。学校や会社の会議や講演など色んなところに出かけますが、出てくるお茶というのが大概ペットボトルと紙コップだというのです。確かにそれも仕方無いのかも知れませんが味気ないものでもあります。円覚寺でも自動販売機でお茶を売っていますので、大きな事は言えません。何でも手間を省くことが合理化だと言われていた事も事実です。

さらにこんなコラム記事もありました。これは「イチゴジャムの味」という話でした。ある方からいただくイチゴジャムは、格別においしいという話です。

その方というのは末期の癌患者だそうで、かつてのお仕事をやめて今は自宅できる仕事をなさりながら毎年イチゴジャムを作ってくださるのだそうです。それが他で頂くものとは違うというのです。何人かの仲間もそう感じていて、いったいどんなレシピなんだろうかという話題になったそうです。きっとなにか特別な砂糖でも使っているにちがいないなどと話していて、その後本人に確認したそうです。

そうしましたら、いや何にも特別な砂糖も使ってはいない、どこのスーパーにでも売っている普通のお砂糖だよと言われたという話です。なにがこんなに味が違うのか、結局そのコラムを書いた方は、やはり心をこめているのではないかという話でした。末期の癌の患者ですから、明るく振る舞っていらっしゃっても、もしかしたら来年のジャムは作れないかも知れない。

今こうしてジャムを作って食べてもらう方に喜んでもらいたい、そんな気持ちが一層おいしい味を作り出しているのかも知れません。

僧堂の暮らし

私達僧堂の暮らしでは、禅とは、仏教とはというようなことは、特別に何も教えないのです。確かに僧堂にいてもあまり勉強はしません。では何をしているのかというと、ただご飯を食べて、出して、はたらいて寝るだけのことです。

ただその食べること、いただくことに少々手間をかけています。今でも薪でご飯を炊きお風呂も沸かしています。お米やお味噌は買っていますが、普段いただくお野菜は畑で作っています。そうしますと、毎日おひつに麦ご飯とお味噌汁をいただきますが、これだけ作るだけでも大変手間がかかります。

今のご時世、食事にそれだけ手間をかけていらっしゃるでしょうか。私たちの修行道場では、まず薪割りをしないといけません。畑を耕して野菜を作って、野菜を畑で取ってきて井戸端で丁寧に洗って、井戸水を汲んでお米を研いで、釜にかけて火をおこしてすすで真っ黒になりながら、ほぼ一日仕事でみんなの食事を作ります。これを皆で交替でやります。

ご飯を作る、薪を割る、畑を耕す、これらみんな修行です。そうしますと一杯のご飯とお味噌汁を作るのにどれだけ手間がかかるか身にしみて分かります。そこで初めてご飯をいただくことが、どんなに大変か身体でわかります。手間暇かけて作った食事ですから、お経をあげて時間をかけていただきます。

朝のお粥なんて薄いお粥ですから、すうっと飲み込むと三分もあれば食べられるものですが、それを小一時間かけてお経を唱え作法に従っていただきます。自ずと一椀のお粥に手が合わされるのです。

僧堂の修行僧は今の若い子達ですから、それまで大学生活をしていて何不自由なく食べることの出来た子達です。ちょっとコンビニエンス・ストアに行けば好きなものはなんでも手に入ります。それでは食べる事のありがたさなどわかりはしません。

また修行に来たからといって、いくら言葉でいっても分かるものでもありません。自分で苦労して作ってみてはじめてわかることです。

手間を省くことを合理的だとすれば、こんな不合理なことはありません。しかし生きる事に手間を省かないということは大事なことでもあります。何かをする、何かを学ぶ事ももちろん大事ですが、生きる事自体が尊くかけがえのないことなのです。心をこめ手間をかけて生きる事です。

坐禅をなさる方が多いのはうれしいことです。この坐禅こそ、ただ生きる事の貴さに徹した修行です。坐禅中は姿勢を正して、ただ息をしているだけです。息をするなんて事は、誰も普段意識もしません。この息を吸う、息を吐くこの事に心をこめて行う修行です。生きる事とは息をする事だと言っても過言ではありません。心をこめて息をするとは、しっかり意識して呼吸することです。息をしなければ、一時も生きてはいられません。このひと息をしっかり意識して、この天地の清浄な空気を一杯に身体に取り込んで息を吸って、身体の中の妄想などをすべてはき出すつもりでゆっくり息を吐く、それだけです。

坐禅の要領のひとつに、心の向けどころというのがあります。心をどこに向けるのかということです。私達の心は普段外に向かってはたらくようになっています。目でものを見たり、耳で聞いたり、舌で味わったり、あれこれ思いを巡らせたり、みな外のことに向かっています。

そうして長い間たくさんのものを、発明し造り出してきました。便利にはなりました。いま普段電車に乗るにもカードがあって一々切符を買わなくてすんでいます。確かに楽にはなったのでしょうが、果たしてそれだけ余裕が生まれたでしょうか。却って追い立てられていませんか。

科学が大変な発達をしました。外の世界を常に極めて、考えられない発達をとげました。常に新しい機械が出来て、私達はついて行けないくらいです。

しかし人間の心はどうでしょうか。その進歩について行っているのでしょうか。

犯罪や争いは絶えません。犯罪や争いを見てみますと、あまり進歩していないと思わざるを得ません。領土の問題にしても、オレの土地だ、オレのだと争うのはあまり原始時代とかわりません。男女の問題にしても、お粗末なものです。石器時代とかわりません。

結局、心は置き去りにして、ものばかり発達させ、合理化ばかりを尊いと思わされて、振り回されてきたのではないでしょうか。

中国の昔の禅僧にある修行僧が聞きました。「あなたは長年坐禅してきて何を得られましたか」と。

その禅僧は答えました。「おなかが減ったらただご飯を食べ、くたびれたらただ眠るだけだ」と。

それを聞いて修行僧は、「それなら世間の人と何ら変わりは無いのではないですか」と聞きます。

禅僧は「いや違う」と答えます。

「どう違うのですか」と問うと、「世間の人はご飯をいただくときにただ食べるのではなくて、あれこれ考えながら食べている。眠るときにもただ眠るのではなくてあれこれ考えている、私はただいただいて、眠るときにはただ眠っている、そこが違うところだ」と答えました。

言われてみますと、確かに私達は食べるにしても、ついつい次は何をしようかなどと考えながら食べてしまっています。今食べることに意識を向けて、いただくんだという事をはっきり意識していただいているかというと、そうではありません。

生きる事は息をすること、食べること、出すこと、眠ることにほかなりません。そのことに心をこめることです。

では心をこめるとはどんな事でしょうか。お茶を一椀入れて差し上げるにしても、茶道の教えがあります。茶道こそは心をこめて一椀のお茶を差し上げるものです。

お茶の教えには有名な「一期一会」という言葉があります。この時の出会いが一生涯で一度きりのものだと思って、おもてなしをしなさいという教えです。先ほどのイチゴジャムが特別おいしいというのも、もう来年は出来ないかも知れないという思いが、期せずして一期一会の心になって、こもっていたのではないかと思います。

坐禅の呼吸にしても、私どもは修行時分によく、このひと呼吸が生涯最期の呼吸、末期の一呼吸だと思って息を吐けと教えていただきました。ただ漫然と呼吸するのでは、何も気がつきません。この呼吸が最後だと思う、これで息が切れて生涯が終わってもいいんだというくらいの気持ちで呼吸をします。

宮崎童安という人のことばに、「この息は神仏そのもののいのちである。この息によってこの身は神仏とひとつに結びついている」とあります。また「なにもかも息ひとつぞとなりにけり　この身このまま極楽浄土」という歌もあります。

心が外に向かうのを迷いといい、自分のうちに向けて見るのを悟りと古人は言いました。今一度、こうして見たり聞いたり、食べたり感じたりしていることのものは何か、立ち止まってみたら如何でしょうか。

心あればこそ、いのちあればこそ、ものを見、耳で聞き、舌で味わい、あれこれ思うことも出来ます。その心こそ、そのいのちこそ仏さま、かけがえのない尊いものです。

このいのち、心の貴さに気がつけば、必ずこれは自分ばかりでは無い、まわりの人もみなこのいのちを生きている。人だけではない、庭の草も花も、鳥や獣達も皆この心をもって生きている。この心に自ずと手が合わされます。生きていのちのあること、これほどすばらしいことはありません。

ただ何でも合理化して、手間を省いてばかりいますと、何が大事な事なのか、結局何をしようとしているのか見失うことがありませんでしょうか。食べて出して眠る、もう一度、生きているいのちの原点に立ち返ってみるのが坐禅でもあります。

生きていのちのある、このいのちこそ、仏さまのいのち、仏さまの心でありま す。生きているということは、仏さまの心が活動している様子にほかなりません。みなひとりひとり生きているいのちこそが仏さまです。

臨済禅師が説かれたのは、今話を聞いているあなた方の、その心こそ仏さまだということです。この心を仏心とも名づけています。臨済宗といいますが、もとは仏心宗といいました。これの方が分かりやすいものです。

みなひとりひとり仏心をもって生まれてきている、この仏心の貴さに目ざめることにほかなりません。みな仏心をもった仏さまなのです。

ただ便利さだけ、合理化だけを求めては大切なものを見失ってしまいます。時にはゆっくりお茶をいただく、手間を惜しまずに、お料理をしてゆっくり噛んでいただく。坐禅してゆっくり呼吸をする、生きている、いのちのあること

をしみじみ感じて、しみじみ有り難いという気持ちを持つことが第一でありま
す。

お釈迦さまはこの仏心の貴さに目ざめ、この仏心を傷つけぬよう生きる道を説かれました。殺さない、いのちを殺してはいけません。なぜなら、皆かけがえのないものだからです。人のものを奪う、嘘偽りを言う、みだらな行いをする、酒に酔う、これらはみないのちを傷つけてしまいます。その事は避けないといけません。

私たち人も草も木も鳥もみな仏心を持っている、この仏心の貴さに目ざめ、仏心を損なうことなく、生かしてゆくことが私達の大事な修行です。生きる事、食べること、いのちをいただくことに、もう少し心をこめていただき、心をこめて、姿勢を正してひと呼吸してみては如何でしょうか。

念《ねん》念《ねん》不《ふー》離《りー》心《しん》

一念一念　何をするにつけても
観音さまの心から離れません

「念念不離心」はまた、一念一念、何をしていても心から離れず、観音さまの心から離れないことです。いつも観音さまと一緒、いつも仏さまの心で過ごすことです。

本当は私達はいつも仏さまの心の中にいますので、離れてはいないのです。

一時も離れることなく観音さま、仏さまに守られていることを深く信じることです。

私が円覚寺の管長に就任して二年目に、東日本大震災が起こりました。

この衝撃については、皆さん同じだったと思います。

何をしてよいかわからない。

私も二か月後には現地に行きました。若い雲水たちは、もう少し早く現地にボランティアに行きました。水を持っていく炊き出しの道具を持っていくということでした。

けれども、もう一つ何かを届けたいと思いました。これだけでいいのか自分にもっと他にできることがないかと思ったのです。

そんな話を、何気なく東慶寺の奥様としていた時です。

東慶寺といえば、佐藤禅忠さんという方は、「延命十句観音経」をよく書かれた。絵も上手でしたので、観音さまの絵を描いて「延命十句観音経」を書かれている。それを東慶寺で何度も私は見ておりました。

そんな折に、奥様が「延命十句観音経」がいいのではないのかなと言われた。

それで「延命十句観音経」を書き出したのです。持っていくのですから、色紙に書いたのですが、とにかくたくさん書きました。

そして、縁がある人に上げてくれということで、ボランティアに行く若い雲水たちに渡しました。

前にも申しましたように、私自身も被災地にも行ったりしたのですが、そう何度も何度も行くわけには参りません。

それで、ともかく「延命十句観音経」を書き続けました。それを持っていってもらうのですが、被災地、避難所などでも非常に喜ばれたと言うのです。

亡くなった人がいても何も供養ができない。雲水たちも衣も持っておりませんし何もできないということでしたが、ともかく避難所で色紙を掛けてお経を誦んだら、みなさん非常に喜ばれ涙を流されました。

物を送るということでは、いろいろな団体もありますので、それはそれで良いのですが、我々としてはそれだけでは気が済みません。

気仙沼の臨済宗の寺があります。それが本来は避難所だったのですが、津波で全て流されてしまいました。

和尚も茫然自失でした。どうしていいかわからない時に、鎌倉からやってきた雲水たちが持ってきた、「延命十句観音経」を見て有難かったというのです。

そして、被災地の人たちと「延命十句観音経」を誦みはじめたのです。

今でも被災地の人たちと、それを続けていらっしゃいます。

それはやはり祈りのお経ということです。

和尚さんが語っていました。津波が来て、檀家さんが夫婦とお子さんと三人で避難所へ逃げていました。

三人一緒に坂道を上りながら、ふと途中で家がどうなったか振り返ったら、ご主人と子供が消えていたと話されていました。

お子さんが行方不明のままだそうです。

そのお母さんは、今でも毎日海辺に行っては子供の携帯電話に電話を掛けるそうです。かかるはずもありませんが、それでも毎日携帯の番号にかけるそうです。

そんな奥様に、そう簡単に「頑張って、前を向いて」などと言えるものではありません。

お話を聞きながら、私もちょうど故郷がその年の九月の台風で大きな被害を受け、実家は無事だったものの知り合いの家が流されたりしました。そんな故郷の光景と相まって涙がこぼれそうになりました。

津波で、家も家族も全て失った漁師さんが言われたそうです。「それでも津波を怨みはしない。なぜなら海に生かされてきて、これからも海と生きてゆかねばならないから、怨みはしない」と。

そうです。大自然は脅威でもありますが、それでも大自然の中で生まれました。生かされて生きてゆかねばなりません。

仏心、仏さまのいのち、大自然、大いなるいのちを一本の木に見立てると、私たちはお互いに一枚の葉っぱでしょう。同じ木の葉っぱです。被災地であろうと、この場所であろうと同じ木の葉っぱです。誰一人苦しみも悲しみも無い人はいないはずです。そう思えばやはり、お互いに頑張りましょうと声を掛け合ってゆきたいと存じます。気仙沼の和尚さんの作られた詩です。

生きるって
大変さ
つらいよ
苦しいよ
悲しいよ
でもね

一人じゃないんだ
手つなぎあって
生きていこうよ

共にいのちのある間頑張って、時が来たら、最後はありがとう、お世話様です。
坂村真民先生に「ねがい」という詩があります。

どうにもならない
血を持って生まれ
どうにもならない
運命を背負い
みんな悲しいんだ
みんな苦しいんだ

だからお互い
もっといたわりあい
なぐさめあって
暮らしてゆこう
小さい蟻たちさえ
あんなに力を合わせて
生きているんだ

（『坂村真民全詩集　第三巻』大東出版社より）

お互いに生きている間はいろんな目にあいます。思いもよらぬこともございます。何の予想も出来ません。そしてどんなことでもそれを受け止めて生きてゆかねばなりません。辛くとも悲しくとも、こらえてゆかねばなりません。そしてお互いに、もろく、はかなければこそ、力を合わせてゆかねばならないのです。どうか被災地の方々も今は悲しみ、苦しみのどん底でしょうが、いつか必ず穏やかな日が来ることを祈り願っています。

禅宗というのは意外と、自分のことだけ祈ってはいけないといって、そんなことは考えずに、ともかく無心になれというわけです。

でも、そういうことを言っている場合ではないということもあります。

「一心に祈る」、でいいのだと思います。

それが本来の仏心に目覚めるという、「延命十句観音経」で説く「与仏有因」ですから、仏の心を持っている、「念念不離心」で仏の心になっていきます。


震災から二年経った年に行った時には、皆で「延命十句観音経」を誦みました。私の作った意訳もお寺に置いてくれています。

それも誦んでくれているのを見ますと、「延命十句観音経」を一番大事にしてくれている和尚さんです。

それで調子に乗って、「和讃」まで作りました。これが弘まらないかと思っているのです。

慰霊の時にも、みんなで誦めるというのが、「延命十句観音経」のいいところです。気仙沼のお寺でも、「延命十句観音経」を誦むのを心の支えにしてくれています。

それ以来です。円覚寺でお話する機会があると、必ず「延命十句観音経」を配ってみんなで誦んで、講話をするというようなことでやってきました。

松原泰道先生は、「延命十句観音経」を千回講演でお話しする、という願を立てられました。私はまだ千回にはいきませんが。しかし、ずいぶんやりました。

原田祖岳老師の「延命十句観音経」も、大きな声で腹の底から誦み上げるという禅宗的な誦み方です。

しかし、私は「観音さま、どうぞ助けてください」という祈りで良い気がします。

生きることが何よりの供養

震災から半年後に、紀伊半島を襲った台風により、私の故郷新宮市は大雨で大きな被害を受けました。

現場に行きますとこれは全く津波に襲われたようなものです。

その時の慰霊ができたのは、一年後です。新宮に百人ぐらい集まりました。

その時も、「延命十句観音経」を配って誦みました。

そこには、いろいろなことに遭遇された方々が集まられました。

私の目の前に坐っていたご遺族の一人というのは、お母さんと娘の二人暮らしをしていました。

そして、去年の大水害の時、二人は家ごと流されたのですが、奇跡的に娘さんだけが助かりました。お母さんは未だに行方不明で、この慰霊祭に参列して坐っている方でした。

最初その娘さんにご挨拶した時は、慰めの言葉もございません。ただ、手を握るだけでした。

お経が終わって、その娘さんに申し上げたんです。

「お悲しみは察するに余りありますが、どうか、亡くなった人の気持ちを考えてみてください。

たいへん話しにくいことですが、お母さんがどういうお気持ちでお亡くなりになったのか察してみてください。

お母さんは家ごと流されていって、死を覚悟したときに『自分のいのちはなくなっても、どうか娘だけは助かって欲しい』と切に願ったことでしょう。だから、生きてください」と。

観音さまの心をよくお話ししますが、観音さまは人が困っていれば、火の中でも助けてくださる。

水におぼれていれば、水の中でも救ってくださいます。

あの洪水にのまれても、「どうか、自分の子供だけは助けてください！」と願うお母さんの心は、まさしく観音さまの心そのものです。

だから、生きてください。

生きることが、何よりの供養であると申し上げたんです。


それがご縁で、新宮市で講演会を開きたい、ということになりました。水害の日から丸二年の日に講演をいたしました。「延命十句観音経」のご縁です。

那智勝浦町の町長さんは、奥さんと娘さんが家ごと流されて、亡くなられました。その娘さんはその日結納という日でした。町長さんは出勤していたので助かりました。

そんなことで、「延命十句観音経」の輪がどんどん弘がりました。

「延命十句観音経和讃」

平成二十五年の三月は、東日本大震災から丸二年経ち、各地で様々な追悼の行事が行われました。

三月十一日は鎌倉でも、震災以来神社の神官、寺院の僧侶、キリスト教会の神父さんたちが一堂に集まって、祈りの儀式を続けてきました。

平成二十五年は、鎌倉雪の下のカトリック教会で、八幡宮の宮司様をはじめとする神職方と建長寺の管長猊下をはじめとする仏教界の僧侶たちが、キリスト教の方々と一緒に、追悼と復興の祈りを捧げました。仏教界の法要では、順番で私が導師を務めさせていただきました。

それに先立って、私は岩手県と宮城県の被災地の寺院をお参りしてきました。

妙心寺派の若手の和尚方を中心に、京都の若い仏師富田睦海師に協力していただき、被災地のご遺族にお地蔵さんを彫って差し上げようという、「わらべ地蔵を被災地へ」という活動があります。

私も微力ながら応援してきました。松島の瑞巌寺で、震災三回忌の法要に合わせて、ご遺族に直接「わらべ地蔵」を差し上げる儀式があり、そこで法話をして欲しいと頼まれて、お話ししてまいりました。

その前に、大船渡には円覚寺で修行なされた和尚がいらっしゃり、大変な津波の被害を受けたと聞いていながら、まだお参りも出来ずにいたので、この機会にお参りしてきました。さらに陸前高田のお寺にお参りし、今までご縁をいただいていた気仙沼のお寺もお参りしてきました。

大船渡、陸前高田、気仙沼、どの地域も津波で大変な被害を受けたところばかりです。

現地にお参りしてみて、改めて復興はまだまだ遠いと思い知らされます。

現地の和尚も「復興なんてどこにあるのか」とこぼしていらっしゃるほどです。

一年ぶりに気仙沼を訪れましたが、かつて町のあったところは、見渡す限り荒涼たるままです。瓦礫だけは片付いてはいますが、復興と言うにはほど遠いものです。

ひとつだけ新しい工場が目に入りました。

お寺の和尚に、

「新しい工場ですね」

と声をかけますと、

「管長さん、あれは瓦礫焼却場です」

と言われ、現地が今置かれている状況を改めて思い知らされました。

気仙沼のお寺も、震災三回忌の法要の支度に追われていました。和尚様にご挨拶して、本堂でお参りさせていただきました。

一年前には、まだ足の踏み場もなく、お亡くなりになったお檀家約百五十名のご遺骨、お写真がずらっと並んでいて、声を呑む思いがしました。

さすがに二年経つと、お寺の中はかなり修復されています。

お参りしてふと、経机を見ると、「延命十句観音経意訳」のプリントが置かれていました。

これは、私が円覚寺で「延命十句観音経」の話を何度も繰り返すうちに、出来た意訳です。

思わずうれしくなって、

「和尚さん、この意訳を誦んでくれているのですか」

と聞くと、

「ええ、いつも法事の度に皆でこれを唱和しています」

と答えてくださいました。

何と有り難い事かと、感激しました。

お経は古来、無心に誦むのがいいと教わってきました。

その為に敢えて漢字のまま棒読みにしたり、またインドの梵語のままを唱えたりしています。

無心に誦む、頭を空にして、おなかに力をこめてひたすらお誦みする。これも大事なことであり、心を慰める大きな力があります。

しかしながら、お釈迦さまは決して難しい漢文のお経を教えられたわけではありません。

インドの方言のような言葉で語られた、と伝えられています。その土地の人に分かる言葉で語りかけられたのが、お経でした。

意味を味わい、心の糧とする読み方もありましょう。

孔子は、

仁人は人を送るに言をもってす

と言われました。人を送るのに物ではなくて、言葉を贈ると説かれたのです。

被災地へたくさんの支援物資を送ることも大切です。しかし、被災地のお寺に心の支えとなる「言葉」をお送り出来たことは、有り難く存じます。「延命十句観音経」は幾たびも話し、意訳も色んな方々に差し上げてきましたが、もっとも悲惨な体験をされた被災地の方々が、一番大事にしてくださっていました。

鎌倉に帰って、せっかくならもう少し唱えやすいものは出来ないかと考えるうちに、ふと「和讃」が口を衝《つ》いて出てきました。

延命十句観音和讃

大慈大悲の　観世音
生きとし生ける　ものみなの
苦しみ悩み　ことごとく

すくいたまえと　いのるなり
苦しみのぞき　もろともに
しあわせいのる　こころこそ
われらまことの　こころにて
いのちあるもの　みなすべて
うまれながらに　そなえたり
ほとけの慈悲の　中にいて
むさぼりいかり　おろかにも
ほとけのこころ　見失い
さまようことぞ　あわれなる
われら今ここ　みほとけの
みおしえにあう　さいわいぞ
おしえを学ぶ　仲間こそ

この世を生きる　たからなり
われを忘れて　ひとのため
まごころこめて　つくすこそ
つねに変わらぬ　たのしみぞ
まことのおのれに　目覚めては
清きいのちを　生きるなり
朝に夕べに　観音の
みこころいつも　念ずなり
一念一念　なにしても
まごころよりは　おこすなり
一念一念　観音の
慈悲のこころを　離れざり

これは、自分で作ったというより、観音さまのお言葉だと受け止めています。それから機会ある度に「延命十句観音経」のお話を続け、この和讃を紹介して、皆で祈ることを大切にしたいと思っています。

祈ることの大切さも、震災で学んだ一番の事です。

平成二十五年の十一月、東京の有楽町で「禅を聞く会」という講演会がありました。気仙沼の和尚が、音楽説法というのをなさっていて、被災者の心を歌で表現していました。拝聴にでかけますと、なんと私の「延命十句観音経意訳」を朗読し、さらには「延命十句観音和讃」に曲をつけて歌ってくれていました。

こんなに大事にして下さっているかと思うと、私は客席で聞いていて涙が流れました。もう和尚が観音さまそのものに見えました。よし、自分のいのちのある限り、「延命十句観音経」の心を弘めてゆこうと決意しました。

もう一度全体を意訳しますと、

「観世音、南無仏」、観音さま、仏さまをより所《どころ》といたします。

「与仏有因」、私達には仏さまと同じ心が具わっています。

「仏法僧縁」、仏さまの教えに触れるご縁をいただいています。

「常楽我浄」、いつも変わることのないまごころ、何をしても楽しい思いやり、本当の自分に巡り会い、この世の中で清らかな心の教えに触れることができます。

「朝念観世音、暮念観世音」、朝な夕なに観音さまを念じ、

「念念従心起」、何をするにも観音さまの心、慈悲の心、思いやりの心から行います。

「念念不離心」、そしていつも観音さまのお心から離れることはありません。いつも観音さまと一緒です。

この短いお経を繰り返し繰り返し唱えますと、自ずと心が穏やかになってまいります。

また半紙でも何にでも書けます。短いのでそんなに時間もかかりません。写経すると心が落ち着き、観音さまの心、仏さまの心、私達の本心が呼び戻されてまいります。

白隠禅師は必ず腰を立てて、おなかに気を集めて姿勢正しく、声に出して誦みなさいと教えられました。そうしますと心身ともに健やかになりましょう。はじめにこのお経の名前に「延命」と付けたのも白隠禅師だと言われます。ただ単に寿命が延びるということではなく、与えられた自分のいのちを全うすることであります。

観音さまを拝んで、ああいう表情を真似して、できるだけ笑顔で身近な人に親切に接してゆくことが、大切な行になります。手を合わせて、なるだけ穏やかな顔、観音さまの表情のつもりでお唱え下さい。

祈りはひとつ

鎌倉で、震災の年には鶴岡八幡宮で、神道キリスト教仏教が一つになって祈り、次の年には建長寺に集まって祈り、三年目にはキリスト教会で祈り、震災を機に始まった、この諸宗教がひとつになった祈りを、このまま終わらせてはいけないと、主に仏教の若手僧侶を中心に活動が始まり、「鎌倉宗教者会議」が発足しました。

鶴岡八幡宮の吉田茂穂宮司を会長に、仏教界から鎌倉仏教会の仲田会長と私と、それに鎌倉雪の下キリスト教会の神父様が副会長に就任しました。

発足の会が、八幡宮で催された折りに、会長の吉田宮司は、ご自身の体験談をもとに「真実の祈りは、国境を越え、宗派を超えて共鳴し合いひとつになる」と説かれました。

私はその隣席にあって、このお言葉に深く感銘を受けました。まさに「祈りはひとつである」と確信し、微力ながらこの宮司様をお支えして、勤めてゆこうと決意しました。

祈りは決して自らの願望のみではありません。共に悲しみ、共に祈ることこそ、教義や国境を越えた宗教の原点です。

いのちあるものが皆幸せであるように祈り願う、皆の幸せをいのることによって、私達が本来もって生まれた仏心、慈悲心が目覚めます。

祈ることは決して無意味ではありません。

まず、祈る人の心が変わってきます。

朝に夕に手を合わせて、「延命十句観音経」を唱えて、いのちあるもの皆の幸せを祈りましょう。

Ⅲ 生きねばならぬ

新宮市大水害追悼講演

安寧

南嶺

平成二十三年九月紀伊半島を襲った台風十二号によって、和歌山県は大きな被害を受けました。私の生まれ育った新宮市でも多くの方が亡くなりました。平成二十四年の九月には、熊野川のほとりにできた慰霊碑でお経をあげたところ、市内の方々が百名を越えるほど集まってくださり、期せずして盛大な慰霊祭になりました。その折りにほんのわずかな時間法話をいたしました。

更に平成二十五年には新宮市仏教会、新宮市、新宮市教育委員会の主催で追悼講演会が開かれ、そこで話をいたしました。

その日も折からの台風の影響もあって、大雨でした。大雨洪水警報も出されて、講演会の開催も危ぶまれました。地元の方も二年前を思い出すようだというほどの豪雨でした。

しかしながら、「念ずれば花ひらく」と申しましょうか、奇跡的にも講演会の小一時間前には警報が解除され、私が講演会場に着いたときには雨もあがり、控え室に入ると窓の外には、きれいな虹が見えました。

きれいな虹だなと市長さんと眺めていると、さらに西の空は見事な夕焼けに染まりました。

そんな中、新宮市民会館に千人を超える方々が集まってくださり、講演をいたしました。

歳歳年年人同じからず

まず手を合わせて祈ります。第一に亡くなった大勢の御霊が安らかでありますように。次に熊野の大自然が穏やかでありますように。最後にこの熊野で暮らすみんなが幸せでありますようにと、心から祈ります。

今年で、故郷を離れてちょうど三十年が経ちます。三十年経って、来てみますと変わるもの変わらないものさまざまです。私がお世話になった小学校は、もう無くなっていました。熊野川の流れ、山のたたずまいはほぼ変わらないように見えます。

もちろん川の水は常にかわり、山もその時々に姿は変わるのですが、大きな目で見ると変わらぬ姿にうつります。

この市民会館も変わらぬものです。しかし、お隣の丹鶴小学校は無くなりました。

歳歳年年人同じからず、住む人も移り変わります。三十年ぶりに会う同級生もいました。これはすっかり変わります。すぐに思い出せないこともあるくらいです。

なにせこちらの記憶にありますのは、三十年前の高校生の姿です。それが目の前にある姿は……。とりわけ男性よりも女性の方が無常を強く感じるようにも思われました。三十年前セーラー服の美しい高校三年生、あれから三十年今や見る影も…。それ以上言うと、無事帰ることが出来ないような気がして、止めました。

三十年の変化というと、大きなものもありますが、緩やかでもあります。緩やかな変化、無常であれば受け入れやすいものですが、急激に変わりますと戸惑い衝撃も受けます。

予知不可能

無常というと、なんといっても先の大震災などは、無常をまざまざと見せつけられました。もうすぐ二年半経ちます。

今年は関東大震災から九十年になるそうです。いつ首都直下型地震が来るか分かりません。いつ東日本大震災の惨状が、我々の目の前に現れるかは分かりません。

新聞に地震予知の専門家の記事が載っていました。

地震のプロとも言うべき東京大学地震研究所の教授の方は、いつも肌身離さず七つの道具を持ち歩いているというのです。乾電池、携帯ラジオ、常備薬絆創膏、地図、方位磁石、テレホンカード、携帯電話充電器の七つをいつも袋にいれていらっしゃる。

テレホンカードなんて何の用かと思われますが、いざ地震となると携帯電話がつながりにくかったりします。そのときに公衆電話が有用らしいのです。

そんな用心を常にしていらっしゃるということは、地震予知の専門家ですら、予知は出来ない、予知不可能というのが結論なのです。分からないのです。地震予知の専門家が研究しても尽くせない、分からない、日々の用心しか無いというのです。

これが真実です。

私ども仏教の学びにも似ています。いくら学んでも分からない、理解不可能なのが真理です。日々謙虚に、用心して、生きてゆくしかないのであります。

あの東日本の震災でも誰も予知出来ませんでした。予言も出来ませんでした。ただ自然は知っていたのかもしれません。

今にして思えば、大震災のちょうど一年前に鶴岡八幡宮の大銀杏が倒れました。

いつまでもあると思うな、無常であることを忘れるな、何が起こるか分からないと覚悟しろ、そんな無言の教えだったのかも知れません。大銀杏が倒れることも誰も分かりませんでした。神様のおそばにいつもお仕えしていても、誰にも分からないものです。

でも変わらない、そのままでいることがいいのでしょうか、幸せなのでしょうか。いつまで経っても成長しない、子供のままであればこれもまた辛い、悲しいことでもありましょう。

幸せのかたち

ある朝のこと、コラム記事で「こん子らさえおらんかったら」と心の中でどれほど叫んだことか、という衝撃的な一文が目に飛び込んできました。何の事だろうかと、思わず読み進めました。こういう記事でした。

「その夫妻の間に生まれた兄と妹は、二人とも重度の脳性まひと診断された。歩けず、話せもしない兄妹の在宅介護を、四十年以上続けてきた夫妻は七十代の老境にある。

もちろん、耐え難い苦悩の時期があった。「こん子らさえおらんかったら」と、心の中でどれほど叫んだことか。妻はそう明かす。だが試練に耐え抜いた夫妻は、孫を抱けない寂しさや不安も感じつつ、心の底から「幸せ」と話すのだ。

わが子を守り抜く決意、心優しい人々との交わりを経て到達した境地らしい」という文章でした。

「不運に見舞われても『幸せ』を取り戻した家族はあちこちにいるようだ」として、そんな様々な家族を『幸せのかたち　七つの『奇跡』が語るもの』（南方新社）として刊行されたという紹介でした。早速取り寄せて読んでみました。

その母親は若い頃重症の結核を患って入院生活も送られたようです。生まれた女の子と男の子とは、重度の脳性まひだったのです。ご自身の結核と生まれた子との因果関係は無いのですが、重度の結核患者からは虚弱体質が生まれると言われて、二人の子供の障害は自分のせいだと自分自身を責め続けます。

「一つ間違えば私も殺しとったかもしれん。心の中で何遍殺したね。こんな子らさえおらんかったら、こん子らさえおらんかったら、どれだけ叫んだことか」というのです。

ただでさえ生きる事はまだ大変な時代です。家の姑さんのお世話をしながら、二人の子供を育てます。もはや先の見えない中で、これ以上まわりに迷惑を掛けられないと二人の子供と共に死のうとされます。

その時にこのお姑さんの言葉が救いになります。

このお姑さんも大変なご苦労をされた方です。早くに夫を戦争で亡くし、戦後のものの無い時代に女手ひとつで子供を育てます。働いている中で、事故にあって左足を切断します。義足をつけての不自由な中、わずかな内職で子供を育ててきたのです。

自分のせいでこんな子供が生まれたと自らを責めて、二人の子供を抱いて死のうとしている母親に、足の不自由な姑が言いました。

「だれも悪いものはいない。誰かが育てないかんのだから、この二人の子供を私たちで育ててゆきましょう」

体の弱い二人のために夫婦で無農薬の野菜を作り、二十歳までは持つまいと言われた二人は、四十歳を超えてなお元気だそうです。

一言の持つ力は大きいものです。そこで「めぐりあわせ」と受けとめることができたのです。思えば、世の中はみんなこの「めぐりあわせ」です。

仏心に目覚める

さて東日本大震災からまる二年経ったこの春に、私もお見舞いに大船渡、陸前高田、気仙沼、松島と各お寺を訪ねて昨晩もどりました。

新聞などを見ていますと、震災から二年、多少復興しているかと思われますが、現地の和尚は言っていました。

「よくどれくらい復興しましたかと聞かれる。しかしいったいどこに復興があるのかと言いたい、瓦礫の山はそのまま、失った家族の悲しみは消えはしない、復興なんてどこにもない」と。

また、陸前高田を訪ねて、あるお寺の和尚のお話を聞く機会がありました。陸前高田という町は、何とも悲しいことに、あの震災で名前が知られるようになった町です。千本の松原が流されてしまい、津波の被害は大変なものでした。人口二万三千の中で、千五百人を越える死者がでて、行方不明の方も二百名を越えています。あわせて千七百人を越えているのです。

そこのお寺の和尚も言っていましたが、地震の被害はそれほどでも無かったらしいのですが、その後の津波で多くの方が亡くなりました。お寺も床下にまで津波が来たらしいのです。

震災の後はお寺が避難所となりました。大勢の町の方がお寺の本堂で寝泊まりしました。その時にもお寺の和尚が言っていました。そんな中でも、大勢のお年寄り達は、意外に静かでそして明るかったというのです。お寺の和尚も驚いたらしいのです。

どうして、みんなそんなに平気で、明るくしていられるのかと。百円落としたくらいの話ではありません。家も流され、家族も流されてすべてを失ってしまったのです。

なぜ落ち着いていられるのか、この大震災では、海外の報道も、被災した方々が、支援物資を辛抱強く並んで待つような、沈着冷静さや強い意志、思いやりの心を伝えました。これはいったいなぜでしょうか。

和尚さんはあるお年寄りに聞いたらしいのです。どうしてそんなに落ち着いていられるのかと。お年寄りは、笑いながらこたえたらしいのです。「仕方ないもの」と。無くしたもの失ったものをいつまでも悔やんでも仕方ないのです。

仏教の学者は、無常ということを頻りに説いています。すべては遷り変わってゆきます。同じ状態のものはなにもありはしない。震災、水害、誰が予測しえたでしょうか。誰も分かりませんでした。無常である、移り変わる、頭では誰もが分かっていますが、目のあたりにして受け止められるかというと難しいものです。

海で漁師をしているような方は、この無常を言葉ではなく、実感として受け止めているのでしょう。いったん海に出れば何が起こるか分かりません。どうにもならないことは、受け止めるしかないと、体で受け止めているのだと思いました。

また日本人の心には長い間に培ってきた、この無常の思いが流れているということもできます。「天地に従うほかのなき春ぞ」という句を被災地の方が作っていました。天地大自然を我々は動かすことは出来ません。天地大自然の恵みの中で生かされています。その中で生きてゆくしかありません。

不慮の事故、災難や災害、天地の無常にふれて人は、却って大事な事に気づかされます。

人の本性は善か悪か、古来より論争されてきています。最近の発達心理学では、生後数か月の赤ん坊に、すでに弱い者をいたわる心があるという研究がなされています。

お釈迦さまは、天地の無常を念じて仏心に目覚めると説かれました。人の本心は仏心であり、ではその仏心とはどのようなものか、お経には仏心とは慈悲心であると説かれています。人を慈しみ思いやるあたたかい心です。

人が本来持っている心を、観音さまで表しています。観音さまとはどこにいますか。けっして遠くではありません。「観音経」には観音さまは世間の人が苦しんでいるその声を聞いて、助けてあげるのだと書かれています。

「観音経」の中には、たとえ火の中に入れられても、観音さまの名前を呼んで救いを求めれば助けてくださる。たとい水の中におちて溺れようとしても観音さまの名前を呼んで救いを求めれば助けてくださる。たとい刀で切られようとしても観音さまの名前を呼んで救いを求めれば助けてくださると書かれています。

なんとも虫のいい話のようですが、たとえば私たちでも、もしも火事があって、自分の子供が燃える家の中に閉じこめられていたら、どうしますか、何としてでも、飛び込んででも助けようと思うはずです。我が子がもし水でおぼれていたら、真っ先に飛び込んででも助けようと思うはずです。そんな心が私たちの本心であり、持って生まれた仏心です。

本心、仏心とは、慈悲心であるとお釈迦さまは仰せになりました。この仏さまの心をよりどころとして、ご縁を結んでゆきましょうという教えです。私たちは仏さまと同じ心をもって生まれてきています。仏さまの心に気がつくご縁に恵まれています。仏さまの心をよりどころとし、仏さまのお教えを学び、そしてこうしてお互いに学ぶ仲間に恵まれています。

人の苦しみを見て聞いてほうっておけない、何かをしてあげなければという心、これこそが、移ろいやすい世の中で変わらぬ真実であり、苦しみ多き世の中で人の為に何か尽くすことこそ真の楽しみであり、人の為に尽くそうとする自分こそ本当の自分であり、汚れ多き世の中でまことの清らかさであります。

朝に夕にこの観音さまの心を念じて、まごころから念じる、仏さまの心、慈悲の心、思いやりの心から念じ、この心を離れないことです。

幸せであれ

こういうことを説いたのが「延命十句観音経」で、震災の頃毎日書いて被災地のお寺に届けたり、お身内を亡くした方に届けてもらっていました。

そんな頃にある晩、気仙沼のお寺から私の処に電話がありました。そのお寺の和尚とは面識がありません。なにごとかと思って電話に出ますと、そのお寺にちょうど私の処の雲水がボランティアでお手伝いに行ったのです。そこで「延命十句観音経」の色紙を届けてくれたのです。

その気仙沼のお寺は大変被害を受けられました。津波で本堂の柱を残して庫《く》裏《り》も山門も住まいもすべて流されました。お檀家が百五十人亡くなりました。

どうしようもない、さすがに和尚も絶望のどん底で、鎌倉から雲水がきて私の「延命十句観音経」が届いて、そこでこのお経をよもう、これをみんなで唱えて頑張ろうと思ったそうです。そのお礼の電話でした。

涙ながらの電話でした。そこで私もいつか必ずお詣りさせていただきますと約束しました。

諸事重なってようやく一昨年の三月、一周忌を機にお詣りさせていただきました。津波の被害は想像以上です。町にはまだ何も有りません。本堂も壁くらいは出来ていましたが、私が行っても足の踏み場もない状態で、本堂に百五十人の遺影と遺骨が祀られていました。お経も出てこない状態でただただ焼香して拝んできました。

そのお寺の裏手に階上中学校がありました。そこは津波からは逃れられた所です。その中学校の卒業式は、新聞テレビなどでも報道されました。本当は三月十二日に卒業式の予定でした。それが津波で伸びて三月二十二日に行われました。

親御さん達は、子供の遺影を抱いて出席するという異様な光景だったようです。卒業生の代表が答辞を読みました。かれも何人もの友人を亡くしました。

「いのちの重さを知るには、大きすぎる代償でした。しかし苦境にあって天を恨まず、運命に耐え、助け合って生きてゆくことが、これからの私たちの使命です」

とこう言われました。天を恨まずという言葉が感動を生みました。

おそらく天を恨みたかった、運命を恨みたかったんだろうと思います。何でこんな目に遭わなければならないのかと思ったことでしょうが、それを乗り越えて天を恨まず、運命に耐え助け合って生きてゆく、と言われたことはすばらしいと存じます。

震災を体験したお若い方からは、看護師になろうと思う方や、或いは自衛隊に入ろうという方も多くいらっしゃると聞いています。ヘリコプターで人々が救われてゆく姿をみて、自分もそうなりたいとパイロットになる勉強をしようと進路を決めた方もいらっしゃるようです。救われたい、救いを求める心と、自分もまた人々を救ってゆきたいと思うこの心は一つであり、これこそ仏心、仏さまの心、観音さまの心そのものです。

お経の中には、仏さまの心を、常に悲しみを懐くとあります。悲しみの無い人はいません。みんな辛い悲しみを懐いて生きています。

観音さまの心を大慈大悲と申します。大いなる悲しみの心です。悲しみを懐いているから人の悲しみがわかります。人の悲しみを察してあげて、そっと声をかけてあげる、手をさしのべてあげる事が出来ます。悲しみを抱いて祈る、これが慈悲の心、観音さまの心、持って生まれた私たちの本心です。

無常と同じく、お釈迦さまが説かれたのが、無我であり縁起であるという真理です。すべてのものはひとりにあらず、みんな相い寄り相い支え合っている、おたがいみんなつながり合っているという真理です。

いつだったか、被災地で活動していられたNPO法人の方からお名刺をいただいた事があります。その名刺の裏を見ますとある言葉が書いてありまして印象に残っています。ニーバーというアメリカの神学者の祈りの言葉です。

「神よ、神よ、私たちに変えられないものを受け入れる心の平穏を与えて下さい。変えることのできるものを変える勇気を与えて下さい。そして、変えることのできるものとできないものを見分ける賢さを与えて下さい」

という言葉です。

変えることのできない、どうしようもないことは受け入れる心の平穏を持ちたいものです。

また、人は本来この世に起こることを、受け入れる事の出来る力を持って、生まれているのだとおもいます。「神よ」とおねがいする言葉になっていますが、この心は仏心であり、誰でも本来持って生まれています。

受け入れることの出来る心の平穏さも、改める勇気も本来持って生まれてきています。耐えられないことは与えられない、というのは真理です。

天地大自然の無常は変えることはできません。「すべてのものはうつろいゆく」これは真理です。その中で私たちは無我、ひとりにあらず、みなつながり合っている、この真理に目覚めて、お互いを思いやる、慈悲の心こそがやはり一番のよりどころでありましょう。これはお釈迦さまがお説きになった、一番の教えです。

「慈しみの経」というのが伝わっています。数あるお経の中でも、もっともお釈迦さまの直説に近いと言われる教えです。そんな難しい言葉ではありません。

いかなる生き物生類であっても、
一切の生きとし生けるものは、幸せであれ。
あたかも母が己が独り子を命を賭けても守るように、

一切の生きとし生けるものどもに対しても、
無量の慈しみの心を起こすべし。
また全世界に対して、無量の慈しみの心を起こすべし。
立ちつつも、歩みつつも、坐しつつも、
臥しつつも、眠らないでいる限りは、
この慈しみの心づかいをしっかりと保て。

と説かれました。

やさしい言葉遣いに、お釈迦さまのお心が伝わります。

天地大自然の無常の中で、お互いつながりあって支えあって、遠くにいる人に対しても、これから生まれてくるものに対しても、強いものでも弱いものでもすべて慈しみの思いをもって幸せを祈る心です。

ありがとう、おかげさま

何十年に一度の災害などとよく言われます。あるいは何百年に一度とか。それは大変な事を表しますが、しかし考えようによっては、何十年に一度は私たちの祖先はこんな苦しい災害を乗り越えてきたのです。何百年に一度、あるいは千年に一度と言われても乗り越えてきたのでしょう。

今のこの時に生まれた、この場に生まれ合わせたことはめぐり合わせです。世の中は無常であり、遷り変わる、どうなるかは分かりません。そして無我であり、お互いひとりではなく、みなつながりあっているのです。

このめぐり合わせのなかで、お互いに慈しみの心を起こし、思いやり生きるしかありません。

「この子らさえおらんかったら」と始めに申し上げました。被災地の方は、あの震災さえ無かったら、あの津波さえ無かったらとどれだけ思ったことでしょうか。

しかし変える事の出来ないものはめぐり合わせと受け入れて、前へ進んでいかねばなりません。

有り難いことに、先だって尋ねた大船渡、陸前高田、気仙沼のそれぞれの和尚さん方が共通して言われた言葉があります。それは、「亡くなった方の事は気の毒で仕方ないけれども、私たちは震災のおかげで、生かされている事、いただいた沢山のご縁の貴さを思い知らされた」ということでした。

松原泰道先生が、

「ありがとうの一言がまわりを明るくします、おかげさまの一言が自分を明るくします。ありがとう、おかげさま、これこそが南無の精神です」

と仰っていました。南無とは帰命とも言いますが、仏さまに帰依する事を申しまして、仏教の一番大事な心でもあります。

「ありがとう、おかげさまで」この一言に仏教のすべてがこめられています。

このいのちがいかに有り難いものであるのか、どれだけ多くのおかげさまで成り立っているのか、はかり知れません。このいのちの尊さを教えることは、仏教でも一番大事な教えです。

私たちが生きていくのに何が大切か、いのちのあること、今ここに生きているということのすばらしさに気付くことが一番大切です。

そして、そのいのちを無駄にしないために、自分が何をすればいいか。

自然は、私達を守り育ててくれています。

そうかといって、決してやさしいだけが自然ではありません。毎年豪雨、水害の報道を耳にいたします。穏やかな自然がなぜと思いもいたします。私達の思いのままに行かないのも大自然です。それでも人は自然を離れては暮らすことは出来ません。あの震災で大津波が襲って、町も家も、家族も流されながら、もう海とは関わりのない所で暮らすかというとそうではありません。

津波に備えて海岸に高さ何メートルもの防潮堤を作ろうとしても、住民の方々は海が見えなくなるのは耐えられない、海と共に暮らすのが私達の生活だと言って反対しているのです。かわりに、木を植えた堤を作ろうという運動が起こっています。

やはり自然が一番、自然からは離れられません。自然の中で生きるしかありません。

人間は、大自然の前には実にもろくはかないものです。しかし、お互いを思いやる心というものは、計り知れない力を持ち、この心も大自然の賜物です。天地の無常からは逃れることはできません。津波が危ないからといって山にいると山が崩れるかも知れません。山が危ないからといって町に出ると、交通事故にあうかも知れません。交通事故がこわいからといって、ビルの中にこもっていたら、癌にかかるかも知れません。どこにも逃れようはないのです。

鳥は飛ばねばならぬ

お釈迦さまは、

「空にあるも　海にあるも　はた山間にあるも　窟に入るも　およそこの世に　死の力の及び得ぬところはあらず」

と仰せになりました。

坂村真民先生の菩提寺が昨年燃えてしまいました。真民先生が、もっとも心の頼りとされていた一遍上人の重要文化財のお木像も燃えました。「愛媛新聞」の写真を見ても、本堂の柱をわずかに残して全焼です。その写真をみて私は茫然としました。

祈るしかありません。そして、このすべて燃えた寺をご覧になっていたら、坂村先生は何と仰せになるであろうか。どんな詩をお作りになるだろうか、ずっと考えていました。やはり坂村先生は、その焼け跡をご覧になっても、「生きねばならぬ」と仰せになったと思うのです。

鳥は飛ばねばならぬ
人は生きねばならぬ
怒濤の海を
飛びゆく鳥のように
混沌の世を生きねばならぬ
鳥は本能的に
暗黒を突破すれば
光明の島に着くことを知っている
そのように人も
一寸先は闇でなく

光であることを知らねばならぬ　（『坂村真民全詩集　第三巻』より）

日本語の「いのり」という言葉の語源は「い」はいのちの力、生命力、「のり」は宣言を意味しています。だから、「いのり」はいのちの宣言です。人生にはいろいろな悩みや難問が待ち受けています。そのように苦しいとき、人は「めげずに生きるぞ」と宣言する、それが祈りです。そうすると、祈る人の心が活性化して、いきいきと暮らしていけます。変えられるのはお互いの心です。

はやこちらでも水害から三回忌になります。三回忌というのは大祥忌といって新しい兆しという意味があります。新しい一歩を進めてゆかねばならない時でもあります。

明日より、一寸先は闇ではない光だと信じて一歩を進めましょう。大自然に私達は勝てるものではありません。明日どうなるか分かりませんが、お互いに力を合わせて生きてゆかねばなりません。失ったものをいつまでも悔やむのではなく、足らないものを悔やむのでもなく、持てる力を信じて生きねばなりません。

よく亡くなった方のご冥福を祈りますと申します。ではご冥福とはなんでしょうか。我が子を亡くしたなら、亡くなったお子さんにとっては、お母さん、元気に暮らしてね、という一心でしょう。親を亡くした方であれば、親の思いというと、もう残された子供がしっかり元気で生きて欲しいという一心でしょう。

亡くなった方のことを思うなら、ご冥福を祈るならば、その人のことを思うならば、生きねばなりません。手を合わせて、亡くなった方ともつながり合っているんだという実感をもって、一日一日生きねばなりません。

おかげでね、あなたのおかげでこんなに頑張っているの、と見てもらうのが一番のご供養です。

明日どうなるか　分からないけれども　今日一日　笑顔でいよう
辛いことは　多いけれども　今日一日　明るいこころでいよう
嫌なことも　あるけれども　今日一日　やさしい言葉をかけよう

今「便利は人を不幸にする」という本を読んでいます。何でも便利に便利にといって、果たして人は本当に幸せになったのかという問題です。便利に便利にといって人は、原子力発電所まで造り出しました。結果、今その問題に行き詰まっています。今年の夏、新宮市からうちわをいただきました。「どいらい遠いわ新宮」というのです。遠くて不便、その良さもこれからますます見直されるでしょう。

無常の中で生きる智慧

自然の中で生き抜く智慧を、我々の先人たちは持っていました。この熊野でも「河原屋」という家を作って住んでいました。流れてはまた作り、また流されてはまた作り、そうして自然と共に暮らしていました。あんな、粗末な家を作ってと思われますが、今にして思えば、自然と共に暮らすすばらしき智慧かと思います。

鎌倉の鶴岡八幡宮の大銀杏は、いまどうなっていますかご存じですか。新しいひこばえが育っています。若い芽が伸びています。まだまだ小さい芽ですが、これがやがて何百年も経って再び大銀杏になると信じています。

いのちは連なっています。我と人と、まわりの人と、古の人とこれからの人ともつながり合い、受け継がれてゆくのです。大銀杏が朽ちて倒れるのも無常ですが、また新しい芽がでて育ってゆく姿もまた無常です。

無常の力によって、生きて生かされています。

どうか明日を信じ、お互いの持って生まれた力を信じ、良き自然豊かな故郷を、熊野の自然と、ここに生きているすばらしい熊野の人の心を受け継いでゆく、次世代にも伝えてゆく決意をもって、いま一度「生きねばならぬ」と申し上げます。

生きる事、明日を信じて生きることこそ、亡くなった方への最大の供養でもあると申し上げて、拙い話を終わらせていただきます。

ともに遊ぶ
佛心
光明の中
南嶺

あとがき

東日本大震災の後、法話の折には、しばらく私は坂村真民先生の「バスのなかで」という詩をよく引用していました。震災、津波で多くの人のいのちが奪われ、さらに原子力発電所の事故があって、これから一体どうなるのか、不安の中でお話しするのに、この「バスのなかで」を用いていました。

バスのなかで

この地球は一万年後
どうなるかわからない
いや明日
どうなるかわからない
そのような思いで

こみあうバスに乗っていると
一人の少女が
きれいな花を
自分よりも大事そうに
高々とさしあげて
乗り込んできた
その時
わたしは思った
ああこれでよいのだ
たとい明日
地球がどうなろうと
このような愛こそ
人の世の美しさなのだ

たとえ核戦争で
この地球が破壊されようと
そのぎりぎりの時まで
こうした愛を
失わずにゆこうと
涙ぐましいまで
清められるものを感じた
いい匂いを放つ
まっ白い花であった

（『坂村真民全詩集　第二巻』大東出版社より）

そんなある日、坂村真民先生の娘さんからご丁重なお手紙をいただきました。それによると、臨済会で出している季刊誌『法光』という小冊子があります。そこに私が平成二十三年の夏に頼まれて寄稿しました。その中に坂村真民先生の「バスのなかで」という詩を引用しました。坂村真民先生の娘さんがそれをごらんになってとても驚かれたそうです。

何となればお手紙によると、坂村の詩を引用紹介されることは多いけれども、この「バスのなかで」が引用されることはないそうです。

そして娘さんの仰せには私が「バスのなかで」を引用したのは、「それは真民詩を熟知されているということ、そしてそれ以上に真民のもっとも詩人たる感性が光っている詩のひとつであることを解してくださっている」と感動されたそうです。

そこで、平成二十四年三月十一日、あの震災から一年たった日に坂村先生の終焉の地、愛媛県砥部町に坂村真民記念館が開館することとなり、そこに私の書を展示したいという依頼でした。

真民先生の詩を書くか、或いはなにか開館に寄せて言葉を書いてほしいということでした。そこで私は、坂村先生とは高校生時代から大学卒業までずっと文通していたご縁があること、今でも毎月『坂村真民全詩集』を読んで私が住職をしている寺の掲示板に墨書して掲げていることなどを書き、「先生の詩を書いて送ります」と、返事を書きました。巻紙で手紙を書きますので、これは優に二メートルは超えたろうと思います。本当に長い手紙になりました。

坂村真民先生の記念館に詩を書いて欲しいと言われて、私は一瞬も迷わずに、これだと決めました。そしてすぐに墨をすって書きました。

そんな長い手紙と私が坂村真民先生の詩を書いて送りましたら、早速坂村先生の娘さんから、速達で実に丁寧なお礼状が届きました。さすがは詩人の娘さんです。手紙がもう詩になっています。ご紹介します。

「思いもかけませず、こんなにも早くこんなにも真心のこもったお言葉とお手紙をお送りいただけますとはどんなにありがたく感激しおりますことか、お察しいただけますでしょうか。さっそく父にお供えし報告させていただきました。包みを開けますとまだ新しい墨の香りが広がり、揮毫していただいたときのお気持ちまで伝わってくるようでした。本当に心より感謝申し上げます。静かななかでもう一度ゆっくり読ませていただこうと早朝を迎えましたら、なんと見事に美しい茜色の夜明けになりました。そして北側の部屋ですのに朝日が窓やふすまの隙間をくぐり抜けて一条の光となって板書の大宇宙大和楽を射したのです。太陽の動きで輝いた時間は一時でしたけれども父が祝福してくれたように感じました。心清められるうれしい朝でした」

すばらしいお手紙です。私もまたお礼の返事を書きました。

そして、その年の三月に坂村真民記念館に行くことができました。ほんとうにご縁というものは不思議でありがたいものです。

私が初めて坂村先生の詩を拝見して心打たれましたのは、「生きてゆく力がなくなるとき」という詩でした。

死のうと思う日はないが

生きてゆく力がなくなることがある
そんな時
お寺を訪ね
わたしはひとり
仏陀の前に坐ってくる
力わき明日を思う心が
出てくるまで
坐ってくる

（『坂村真民全詩集　第一巻』大東出版社より）

という詩です。これはもとは「お寺を訪ね」というところが「大乗寺を訪ね」となっていて長い詩の一節です。高校生だった私は、学校では受験戦争だなどと言われる中で、そんなことには素知らぬふりでお寺に通っては坐禅していましたので、この詩の気持ちがよく分かりました。

私が坂村真民記念館に迷うことなく書いた先生の詩を紹介します。

火

先生の
あの清澄
あの放射
あの芳香
それはどこからくるのであろうか
先生の中に燃えている火
衆生無辺誓願度
あの火を受け継がねばならぬ　（『坂村真民全詩集　第一巻』大東出版社より）

衆生無辺誓願度《しゅじょうむへんせいがんど》とはみんなの幸せを願う心です。ひとの悩み苦しみを我が苦しみと受け止めて、どうかこれを救ってゆきたい、このねがいこそがお釈迦さまのお心であり、仏心です。この心を私たちも我が心として受け止めてまいりたいと願っています。いつの時代になっても変わらぬものは、このいのちあるものを大切に思う慈悲の心、まごころでしょう。

それでは坂村先生の「何かをしよう」という詩を紹介して終わります。

何かをしよう
みんなの人のためになる
何かをしよう
よく考えたら自分の体に合った
何かがある筈だ
弱い人には弱いなりに
老いた人は老いた人なりに

何かがある筈だ
生かされて生きているご恩返しに
小さいことでもいい
自分にできるものをさがして
何かをしよう
一年草でも
あんなに美しい花をつけて
終わってゆくではないか

（『坂村真民全詩集　第五巻』大東出版社より）

混み合うバスのなかで少女が一輪の花を高く掲げていたように、私達も自分自身の花を咲かせてまいりたいと願うばかりです。大切な花を見失いそうになった時に、手を合わせて、「延命十句観音経」を唱えていただいたら、何よりの幸いであります。

延命十句観音経　意訳

観音さま
どうか人の世の苦しみをお救い下さい
人の苦しみを救おうとなさる
その心こそ仏さまのみ心であり
私たちのよりどころです
この仏さまの心が
私たちの持って生まれた本心であり
さまざまなご縁にめぐまれて
この心に気がつくことができます
仏さまと　仏さまの教えと

教えを共に学ぶ仲間とによって
わたしたちはいつの世にあっても
変わることのない思いやりの心を知り
苦しみ多い中にあって
人の為に尽くす楽しみを知り
この慈悲の心を持って生きることが
本当の自分であり
汚れ多き世の中で
清らかな道であると知りました
朝に観音さまを念じ
夕べに観音さまを念じ
一念一念　何をするにつけても
この思いやりの心から行い

一念一念　何をするにつけても
観音さまの心から離れません

みんなの幸せ
祈ります

円覚 南嶺

著者紹介

横田　南嶺（よこた・なんれい）
臨済宗円覚寺派管長。花園大学総長。

1964年、和歌山県新宮市に生まれる。大学在学中に東京白山・龍雲院の小池心叟老師に就いて出家得度。1987年、筑波大学を卒業、京都建仁寺の湊素堂老師のもとで修行。1991年より鎌倉円覚寺の足立大進老師のもとで修行。1999年、円覚寺僧堂師家。2010年、円覚寺派管長。2017年、花園大学総長。2023年、公益財団法人 禅文化研究所所長に就任。
著書に『盤珪語録を読む――不生禅とはなにか』『はじめての人におくる般若心経』（以上春秋社）、『無門関に学ぶ――主人公となる生き方』（致知出版社）、『二度とない人生を生きるために』（PHP研究所）、『パンダはどこにいる？』（青幻舎）ほか多数。ラジオや講演会、円覚寺日曜説教など出演多数。また現在はYouTubeなどにて仏教や禅についての一口法話、ゲストを招いた対談、日々の「管長侍者日記」などを配信中。

祈りの延命十句観音経

2014年3月11日　第1刷発行
2025年3月10日　第6刷発行

発行者＝小林　公二
発行所＝株式会社春秋社
〒101-0021　東京都千代田区外神田2-18-6
電話　(03)3255-9611(営業)　(03)3255-9614(編集)
振替　00180-6-24861
https://www.shunjusha.co.jp/
印刷所＝萩原印刷株式会社
装　幀＝鈴木　伸弘

ISBN 978-4-393-14426-8　C0015　Printed in Japan
定価はカバー等に表示してあります